미
술
하
는

마
음

미술하는 마음 —

김현숙·신이연·용선미 인터뷰집

"미술하는 사람들 진짜 순진한 것 같아요." 한 전시기획사에서 아르바이트를 할 때 들은 말이다. 국내 굴지의 미술관과 협력해 2, 3년에 한 번씩 '블록버스터'급 전시를 개최하는 제법 규모 있는 전시기획사였다. 그곳 직원이었던 그는 전시 지킴이나 도슨트, 아트샵 판매원으로 전시 현장에서 아르바이트를 하는 미술대학 학생들에게 다가와 종종 '미술하는 사람'의 일상에 관해 묻곤 했다. 우리가 머무는 휴게실에 간식이 떨어지면 매번 직접 사다 채워줄 만큼 살뜰한 성격의 소유자였던 그는 쉬는 시간에 가끔 마주칠 때면 살갑게 말을 붙여왔다. 그는 '미대생은 졸업하면 모두 화가가 되는 건지, 요즘 젊은 작가들은 작품 한 점을 팔면 돈을 얼마나 벌 수 있는지, 작품을 산 사람은 얼마의 이익을 되붙여 팔 수 있는지, 갤러리에서는 그림 한 점을 팔면 통상 얼마의 인센티브를 떼고, 서로가 얼마간의 이익을 볼 수 있는지' 등을 물었고, 우리는 '미대 졸업하고 나서 뭘 할지 아직 정하지 않았으며, 운이 좋아 작가가 된다 하더라도 젊은 작가는 탁월한 실력을 갖고 있거나 억세게 운이 좋아 작품이 팔리는 경우가 아니면 근 10년 내에 한 점이라도 작품이 팔리리라는 보장은 없으며, 사실 작품을 팔기 위해서 작업을 한다는 생각조차 해본 적도 없고, 돈을 벌겠다는 목표로 그림을 그리는 것이 과연 예술가에게 적절한 태도인지도 모르겠다'고 답했다. "순진하다"라는 그의 말은 우리의 이런 대답을 다 듣고 난 뒤 돌아온 말이었다.

　　대학에서 경영학을 전공했다는 그는 해외 미술관에 소장된 대가들의 작품을 섭외해 전시 계약을 체결하고, 그 작품들이 무사히 한국에 도착해 전시장 벽에 걸리도록 'wall to wall' 작품 운송 및 보험과 관련한 외주업체들을 관리하고, 전시 홍보와 마케팅을 진행하는 등 전시 전반을 총괄하는 역할을 도맡고 있었다. 돌이켜보면 그에게 '미술작품'이란 회사의 이익 창출을 위한 일종의 '상품'이었을 것이고, 전시장은 운송비며 홍보비, 인건비를 제하고도 이윤이 남을 만큼 관객이 들어야 하는 치열한 비즈니스의 현장이었을 것이다. 그런 그의 입에서 나온 "순진하다"는 말을, 우리는 아직 사회생활에 서툰 철없는 예술학도들을 염려하는 기성세대의 충고 정도로 여겼던 것 같다. 악의는 없던, 하지만 선의도 느껴지지 않던 그의 목소리는 10여 년이 지난 지금까지 여전히 미술계 언저리를 맴돌며 살고 있는 우리의 일상을 헤집고 불쑥불쑥 떠오른다.

우리는 왜 유독 예술작품에만 신성한 지위를 부여하는 걸까. 누군가 예술가가 되겠다고 하면, 우리는 그가 먹고살기 위한 범사에는 연연하지 않겠다고 선언한 것으로 여긴다. 물론 예술작품이 대단하지 않다는 것은 아니다. 예술, 특히 미술은 분명 아름다움에 대한 감정을 환기시키는 의미 있는 산물이다. 하지만 그 작품을 만들고, 운반하고, 전시하고, 유통하는 과정은 모두 사람이 하는 일이라는 것을 종종 잊곤 한다. 자본주의 체제 안에 놓인, '작품'에 배치된 '상품'으로서의 가치 또한 부정당할 이유가 없다. 당시 기획사 직원은 자신의 위치에서 맡은 바 임무를 훌륭히 해냈고, 100만 관람객이라는 대단한 성과를 거뒀으며, 회사는 경제적으로 큰 이득을 얻었다. 그가 예술작품을 이윤을 위한 대상으로 여겼든 그렇지 않든 간에 전시장에 온 어떤 관객은 그동안 국내에서 보지 못했던 작품을 보고, 그로 인해 큰 감동을 받았을 것이다.

미술을 지나치게 사랑했던 '어릴 적' 우리는, 예술이라는 이상과 전시장에 등장하는 현실의 작품을 구분하지 못했던 것 같다. 시간이 지나 크고 작은 규모의 미술관에서 일을 하고, 또 다양한 외부 프로젝트들을 수행하며 수많은 사람과 관계를 맺었다. 그 과정에서 나름의 방식으로 지금 여기의 미술을 '다시' 체득하기 시작했다. 아름다움을 다루는 일이라 우아할 줄만 알았던 미술업계의 생활은 한마디로 험난했다. 순진한 미술학도이자 미술 애호가였던 우리는 상황에 따라 작가의 어시스턴트였다가, 작가였다가, 독립 기획자였다가, 또 어느 때는 미술기관의 코디네이터였다. 그러는 동안 터무니없는 갑질, 과중한 업무, 근거 없는 비난, 만연한 성추행 등 예술이라는 성역 안에서 쉬쉬하며 넘기는 불합리한 상황들을 숱하게 목도했다. 열악한 환경에 분개하면서도, 그 안에서 '살아남기' 위해 고군분투했다. 그러나 이런 모순 속에서도 그 모든 불합리함을 상쇄시키는 예술의 긍정적인 힘은 늘 존재했다. 바로 그 자장에 이끌려 우리는 매번 전시 현장으로 돌아왔다. 몇 번의 이탈과 회귀를 반복하면서, 전시를 만드는 과정은 결코 혼자서는 이룰 수 없는 지난한 '협업'의 결과물이라는 것을 알게 됐다. 함께하는 동료들과 호흡이 잘 맞을 때말로 표현할 수 없는 성취감을 얻는다는 것도 깨달았다. 그리고 그렇게 만들어진, 진심이 담긴 전시는 작가 자신에게뿐만 아니라 관객에게도 인간과 삶에 대한 근본적인 공감과 포용, 치유를 선사한다는 것도.

전시 오픈을 하루 앞두고, 작품 설치에 필요한 장비가 고장나 철물점에 간 적이 있다. 한 번 쓸 거라 사장님께 쓰던 공구를 하루만 빌려주십사 부탁드렸더니 하루치 대여료를 내라는 답이 돌아왔다. 너무 당연한 그 말이 그날따라 야속하게 들렸다. 대여료를 내고 공구를 빌려 돌아오는 길에 문득 이런 생각이 들었다. 과연 우리에게도 대여료를 받고 작품을 빌려줄 날이 올까. 작품도 철물점 진열대에 놓인 하나의 물건이라 생각할 수는 없을까. 몇 날 며칠을 공들여 만든 내 물건을 누군가에게 내어줄 때 그 대가를 받는 건 너무나 당연한 일 아닌가. 하지만 이런 당연한 일이 미술계에서는 잘 통용되지 않는다. 오히려 예술에 대한 진정성이 의심되는 불경한 생각으로 여겨진다. 내 전시에 대한 정당한 대가를 요구할 수 있고, 그것이 더 좋은 전시를 만들어내는 기반이 되어주는 건강한 업계로 거듭나려면, 나는 무엇을 해야 할까. 하지만 이런 생각은 '전시 무사 오픈'이라는 우선순위에 밀리기 일쑤다. 또 막상 전시를 열고 나면 초대에 응해준 관계자들과 찾아와준 손님들에게 고마운 마음이 앞서 애초의 문제의식은 눈 녹듯이 사라지고 만다. 전시를 선보일 공간은 한정적이고, 예산은 늘 빠듯하며, 경쟁은 치열한 미술계 생태를 아주 잘 알기에 '그래, 즐거웠으면 됐지'라고 스스로를 위로하고 마는 것이다.

　　하지만 이런 습관적인 자기 위로는 현실을 제대로 바라보고 판단하는 능력을 저하시킨다. 신자유주의에 반대하고 권위적인 사회에 분노하는 (다소 일관된 목소리의) 정치적 입장이 미술에 개입한 지 꽤 오래되었음에도 불구하고, 대중을 향한 이 진보적인 잣대는 정작 한국 미술 사회 내부를 향해서는 그 위력을 상실할 때가 많다. 시간이 지나면 차츰 나아지겠지 하는 낙관은 시스템에 대한 무관심과 무책임을 낳는다. 그렇다고 우리 사회의 나쁜 면면에 대해 앉아서 비판만 할 수도 없는 노릇이다. 송두리째 바꾸겠다고 덤벼드는 것은 더욱 무모한 일이다.

대신 우리는 우리가 처한 어려운 상황들을 외면하지 않고, 똑바로 응시하고 싶었다. 지금의 사회 모습을 있는 그대로 인지하고 지금보다 더 나은 방향으로 한발 한발 나아가기 위한 용기, 끝이 보이지 않는 막막하고 두려운 현실을 회피하지 않고 정면으로 '바라볼' 용기가 필요했다. 이 프로젝트도 그 일환으로 시작됐다.

김현숙, 신이연, 용선미, 우리 세 사람은 서울시립미술관에서 근무하던 시절 인연을 맺었다. 미술을 '일'로 삼는 동종 업계 비정규직 동료. 우리는 지난날에 놓여 있는 미술에 대한 이상과, 서른을 막 넘긴 여성으로서의 고민, 그리고 미래에 대한 막연한 기대를 나누며 각별해졌다. 하지만 그토록 동경하던 미술을 눈앞에 두고도, 우리는 한동안 스스로 틀지운 이상적인 미술 속으로 침잠해 들었던 것 같다. 그리고 어쩌면 그 속에 너무 몰입한 나머지 현실의 미술을 제대로 바라보지 못했던 것은 아닐까. 비 오는 어느 여름날, 함께 술잔을 기울이며 '내 안의 미술' 밖으로 나와 '현장의 미술' 이야기를 들어보자고 의기투합한 것도 이런 깨달음에서였다.

인터뷰를 시작할 때부터 우리에게는 미술 생태계의 변혁이라든가 미술의 대중화 같은 이상적인 목표 따위 없었다. 말끔하게 단장된 화이트 큐브 안의 전시를 만들기 위해 얼마나 많은 이가 긴 시간 희열과 고통을 오가며 애를 쓰는지, 말도 안 되는 저임금과 중노동에도 왜 꿋꿋이 이 일을 지속하는

지, 길어야 3개월 남짓한 전시의 순간을 기억하기 위해 도록과 아카이브를 만들고 그것들 한켠에 조그맣게 새겨넣은 자신의 이름을 보며 얼마나 큰 위안을 삼는지…. 이토록 치열한 미술 현장 이야기를 가감 없이 기록하고자 했다.

인터뷰이를 선정하는 과정에서 미술계에 종사하는 사람들은 대부분 비정규직, 계약직으로 일을 시작하기 때문에 이직이 잦은 편이라는 것을 새삼 확인할 수 있었다. 고정적인 수입을 보장받을 수 있는 보직도 매우 적은 편이어서, 기관에 속해 있지 않은 경우라면 닥치는 대로 여러 일을 병행한다. 생계 따로 미술 따로. 일은 두 배로 하지만 물질적인 보상은 적은 삶.

우리가 만난 아홉 명의 인터뷰이 역시 두 가지 이상의 직업을 갖고 있었다. 공간 디자이너이자 작가, 작가이자 공간 운영자, 기획자이자 디자이너, 편집자이자 평론가…. 인터뷰 물망에 올랐던 사람들 중 하나의 포지션으로 딱 정의할 수 있는 이는 몇 안 됐다. 처음에는 적지 않게 당황했다. 인터뷰이에게 양해를 구하고, 기획 의도대로 한 직업에 대해서만 인터뷰를 진행할까 고민도 했다. 하지만 있는 그대로 보여주자는 방향으로 의견이 모였다. 비록 작가, 편집자, 평론가, 공간 디자이너, 그래픽 디자이너 등 포지션별로 구분해 수록했지만, 그 안에 그들이 병행하고 있는 다른 일에 대한 이야기도 담으려고 노력했음을 밝힌다. 그들은 밀려드는 여러 업무에 '의연하게' 대처하면서도, 미술계에서 자신의 고유한 영역을 차근차근 쌓아가는 인물들이다. 이들의 삶과 작업을 기록으로 남기는 것이야말로 현재 한국미술의 단면을 생생하게 보여주는 것이라 생각했다.

책에 등장하는 인터뷰이의 순서는 다음과 같다. 공간 운영자 현시원, 큐레이터 김해주, 작가 이제, 공간 디자이너 이수성, 그래픽 디자이너 강문식, 미술 편집자 이한범, 미술 평론가 김정현, 도슨트 김종환, 회화 보존 전문가 조자현. 전시 공간으로부터 출발해 작품 보존에 이르는 긴 여정을 독자들이 함께하면서 하나의 전시가 만들어지는 과정을 상상할 수 있도록 차례를 구성했다. 각 인물과 역할을 전시 기획 단계, 전시 작품 제작, 전시 오픈, 전시 이후 식으로 순차적으로 그려보고자 했다.

현시원은 전시공간 '시청각'의 공동대표다. 글도 쓰고 기획도 하는 미술계의 마당발로, 공간 운영뿐 아니라 미술계에서 자생해온 이야기에 공감되는 점이 많았다. 큐레이터로는 아트선재센터의 부관장 김해주를 만났다. 그는 독립 기획자로서 시각 이미지와 퍼포먼스에 관한 전시를 지속적으로 만들어왔다. 그를 보고 있자면, 큐레이터는 전시에 참여하는 모든 이와 꾸준히 소통하고 매개하는 사람이다. 작가는 이제를 만났다. 지난 15년간 꾸준히 회화작품을 선보였으며, 지금은 '합정지구'라는 대안공간의 대표로 자리매김한 미술계의 맏언니 같은 작가다. 작가가 한 점의 그림을 완성하기까지의 과정과 이제 막 활동을 시작하는 예술가 지망생에게 도움이 될 만한 이야기를 들었다. 이수성은 '작업실에서 전시장으로' 작품이 옮겨지기까지 공간 디자이너가 수행하는 숱한 협업의 과정을 들려주었다. 강문식은 그래픽 디자이너다. 의뢰인인 큐레이터(혹은 작가)의 요구와 전시 규모에 맞춰 도록, 포스터 등 디자인 업무 전반을 맡는다. 세심하게 세상과 사람을 관찰한 뒤 그만의 성실한 시각언어로 전시에 개입한다. 이한범은 독서와 예술을 좋아했던 평범한 청년이 '미술 편집자'라는 조금은 생소한 직함을 얻게 되기까지의 이야기를 들려주었다. 김정현은 공부의 길을 걸어 도착한 곳이 어떻게 비평가로서의 삶이 되었는지를 특유의 담담한 어조로 말해주었다. 비평문을 쓸 때 필요한 마음가짐이 그의 이야기에 녹아 있다. 김종환은 어려운 현대미술 전시를 쉽고 재밌게 풀어 관객에게 설명하는 도슨트로, 인터뷰이 중 유일한 미술 비전공자다. 조자현은 보이지 않는 곳에서 묵묵히 작품과 씨름하는 보존처리사의 모습과 보존계의 현실에 대해 진솔하게 들려주었다.

이상 아홉 명의 이야기를 통해 '순진하다'는 말로 뭉뚱그릴 수 없는, 미술하는 '사람'들의 예술과 삶에 가까이 다가갔다. '의연하다'고 소개하긴 했지만, 그들이라고 왜 불평하고 싶지 않았을까. 그들의 목소리를 몇 번씩 돌려 들으며 글로 옮기는 과정에서 우리는 겉으로 드러나지 않았던 분노와 슬픔과 체념을 미세하게 감지했다. 어떤 날은 너무 깊이 공감한 나머지 찔끔 눈물을 흘리기도 했다.

이 책을 쓰기 전까지 몇 가지 염려스러운 것이 있었다. 하나는 자기개발서 같은 대중 서적에 대한 미술계의 관습적인 거부와 조롱에 대한 두려움이었고, 다른 하나는 이 책이 자칫 누군가에게 미술 일에 대한 쓸데없는 희망을 안겨주거나 혹은 시작도 못해보고 포기하게 만들지는 않을까 하는 우려였다. 그럼에도 불구하고 '우리는 왜 미술일까'에 대한 고민을 나누는 데 조금이나마 도움이 될 것이란 생각에 마음이 움직였다. 멋지게 포장할 수는 없어도 겪고 본 것들을 있는 그대로 잘 전할 수는 있을 것 같았다. '우리는 왜 미술일까'는 오랫동안 우리 세 사람이 스스로에게 물어왔던 질문이기도 하기 때문이다.

막장. 탄광의 맨 끝까지 들어가야 광부는 비로소 막다른 길을 인지하고 더 나아갈지 후퇴할지를 결정할 수 있다. 무언가 잘해보고 싶은데 이게 맞나 싶고, 뭔가 잘못되어가는 것 같은데 이대로 괜찮은가 하는 의문은 매 순간 우리를 따라다닌다. 우리는 막연한 불안 앞에 서 있다.

『미술하는 마음』이 각자의 곤경을 마주하고 있는 이들에게, 지금 당장 한발 더 나아가라거나 이쯤 됐으니 돌아가라는 조언을 해주기에는 역부족일 것이다. 다만 현장의 미술은 지금을 이렇게 건너고 있고, 우리도 그 앞에 서서 같은 망설임, 같은 고민을 하고 있다는 것을 알려주고 싶었다. 그리고 혹시나 이 막장에서 한 걸음 더 나아가고자 하는 사람들에게 『미술하는 마음』이 곡괭이나 삽이 되어줄 수 있기를 바랄 뿐이다. 그리고 이제 막 미술을 '보는' 사람에서 미술을 '하는' 사람이 되고자 하는 이들에게 영감과 용기를 줄 수 있기를 바란다. 언젠가 그들과 미술계에서 만나 '동료'로서 함께 발맞출 수 있다면 더 바랄 게 없겠다.

2020년 초가을
김현숙·신이연·용선미

차례

서문   5

현시원, 공간 운영자의 마음   19

김해주, 큐레이터의 마음   47

이제, 작가의 마음   75

이수성, 공간 디자이너의 마음   107

강문식, 그래픽 디자이너의 마음   135

이한범, 미술 편집자의 마음   161

김정현, 미술 평론가의 마음   189

김종환, 도슨트의 마음   215

조자현, 회화 보존 전문가의 마음   237

현시원, 공간 운영자의 마음

미술계 안에서 공간은 다양한 형태로 존재한다. 국립현대미술관, 서울시립미술관 같은 국공립미술관에서부터 대림미술관, 금호미술관 등 기업체가 운영하는 사립미술관, 갤러리, 대안공간까지. 기관마다 운영 방침과 전시 방향 또한 다르다. 예를 들면, 타깃 관객층을 보유하고 있는 사립미술관은 선호하는 작가의 작업이나 매체의 특징이 뚜렷한 반면, 공공성을 우선시하는 국공립미술관은 폭넓은 관객층을 수용할 다양한 전시프로그램을 기획하는 데 주력한다. 1990년대 말 비영리공간으로 등장한 대안공간은 기존의 전시공간에서 다루지 않았던 실험적인 미술작업들을 보여주는 장으로 자리매김한 지 이미 오래이며, 개인 혹은 소규모 그룹이 운영하는 공간의 등장은 2010년대 중반에 들어서면서 나타난 미술계의 또 다른 현상이다. 다양한 미술공간은 시각예술에 대한 끊임없는 관심과 수요를 입증이라도 하듯 계속해서 변화하고 있다.

경복궁역 근처, 골목 안에 자리한 '시청각'은 조금은 특별한 전시공간이다. 대문 옆에 정직하게 붙어 있는 '시청각'이라는 문패와 대문 너머 널따란 마당과 대청마루가 먼저 눈에 띄는 곳. 전형적인 한옥의 모습을 온전히 보존하고 있는 전시장이다. 이곳이 특별하다고 말하는 이유는 공간의 물리적 특이성 때문만은 아니다.

공간 운영자와 기획자의 역할이 분리되어 있는 대부분의 미술공간과는 달리 시청각은 운영자가 전시기획까지 도맡는다. 현시원과 안인용, 그들이 시청각의 공동 운영자다. 2013년 처음

문을 열었을 때부터 지금까지 두 사람은 시청각 안팎 모두를 책임지고 있다.

특히, 현시원은 다수의 저서를 출간한 저자이자 전시를 만드는 기획자로 미술계에서 자신의 이름을 꾸준히 알려왔다. 미술에 관심 있는 이라면 현시원이라는 이름 석 자를 모를 리 없을 정도다. 한 가지 타이틀로 설명하기 어려운 그는 2013년, 자신의 이름 앞에 새로운 타이틀을 하나 더 붙였다. '전시공간 운영자' 현시원. 미술계 다방면에서 활동하는 그이기에 공간 운영자로 소개하기가 망설여졌지만, 오랜 관심과 다양한 미술계 경험 속에서 우러나오는 그만의 흥미로운 자장들을 다채롭게 펼쳐 보일 수 있을 거라는 확신이 들었다.

한옥이 전시공간이 되기까지

현시원을 처음 알게 된 건 글을 통해서였다. 환경미화원 근무복과 아폴로 우주복, '바르게 살자' 표석과 맥아더 동상을 비교하는 비범함. 『디자인 극과 극』(학고재, 2010)에 담긴 현시원의 독특한 시선은 그야말로 신세계였다. 무심코 지나치기 쉬운 일상의 이미지들을 유연한 사고로 풀어내는 그만의 글솜씨와 서로 다른 두 개의 사물을 짝지어 하나의 카테고리로 묶어내는 참신함은 오랜 시간 벼려온 아이디어의 결과물이고, 아마추어가 찍은 듯한 사진들은 직접 찾아다니며 찍은 것이

틀림없었다. 비범함과 성실함. 이 두 단어가 현시원이 내게 남긴 강렬한 첫인상이었다.

한옥과 전시, 좀처럼 어울리지 않는 두 단어가 공존하는 괴짜 같은 공간의 주인이 현시원이라고 들었을 때, 새로운 시도를 두려워하지 않는 비범함이 전시공간의 틀을 깨는 시도로 이어진 것이라고 지레짐작했다. 하지만 한옥을 전시공간으로 오픈하겠다는 결심은 예상치 못한 데서 시작되었다.

현시원은 미술이론 대학원을 졸업한 뒤 어김없이 글을 쓰고, 기획일을 하며 바쁘게 지냈다. 그러던 2013년, 서울문화재단 기금(서울문화재단에서는 미술, 문학, 공연 등 문화예술영역을 지원하는 사업을 매해 운영하고 있다)에 지원하여 전시를 열겠다는 결심이 섰다. 그해 가을, 응모한 전시기획안이 당선됐다는 연락을 받았다. '인왕산'이라는 특정 공간을 주제로 하는 전시라 그 근처 전시공간을 찾아야 했다. 하지만 마음에 드는 공간이 없었다. 사설 갤러리를 빌리는 건 내키지 않아서 전시장으로 쓸 만한 공간을 찾아다녔다.

"시청각 문을 열 때, 전시공간이 갈급한 상황이었어요. 공간 찾으려고 계속 돌아다녔죠. 서울에서 왜 이렇게 공간 구하는 것이 힘들까 생각했어요. 전시를 해야 하는데 왜 공간이 없을까 고민하다가 직접 만들어야겠다는 생각을 하게 됐죠."

기획한 전시를 보여줄 공간이 없어 애를 먹던 중 특유의

공간 운영자의 마음

모험심이 발동했다. 직접 공간을 운영하겠다는 결심이 선 것이다. 이후 부동산을 제집 드나들듯 했다. 빈 공간으로 나온 매물이 간간이 있었지만 전시장으로 쓸 공간은 찾기가 힘들었다. 전시공간은 작품이 돋보일 수 있도록 사방이 하얀 벽으로 둘러싸인 곳, 시야가 방해되지 않는 넓은 곳이 우선시된다. 그 조건을 충족하는 공간이 없었다. 한참 지나 2층짜리 건물에 전시장으로 쓸 만한 매물이 하나 나왔다. 그런데 비싼 임대료에 잠시 망설이는 사이 누가 계약을 해버렸다.

이튿날 친구이자 공동 운영자(2013년~2019년 10월 30일)인 안인용의 소개로 찾아간 곳이 바로 지금의 '시청각'이다. 가서 보니, 마당에 빨랫줄이 걸려 있는, 전형적인 한옥 가정집이었다. 화이트 큐브까지는 아니어도 전시장으로 쓸 만한 공간을 찾고 있었는데, 한옥이라니. 말문이 막혔다. 아무리 욕심을 버리고 생각해보려 해도 한옥을 전시장으로 쓴다는 건 상상이 안 됐다. 하지만 월세가 주변 시세의 절반도 안 된다는 점이 마음을 흔들었다. 고민도 잠시, '한번 해보자!'라는 결심이 섰다.

주변에 조심스레 운을 떼자 우려의 목소리가 많았다. "아무 공간이나 빌려서 (인왕산 관련 전시 〈no mountain high enough〉를) 하자. 아이디얼하게 하고 싶었던 거지, 진짜로 운영하고 싶었던 건 아니지 않냐"며 만류와 걱정이 돌아왔다. 그도 그럴 것이 미술계 내부에서 새로운 공간들이 조금씩 등장하기 시작한 것이 바로 이즈음이었다. 규모와 상관없이 작가들이 직접 운영하는 공간이 하나둘 생겨나던 시기였다. 그래서 더 우려가 컸다. 하지만 주위의 걱정만큼 뜬구름 잡는 일은 아니었다.

　미술하는 사람들 사이에서 공간을 소유한다는 건 꿈같은 일이다. 물리적 장소 그 이상의 의미다. 프리랜서 성격이 강한 작가와 독립 기획자에게 공간은 작업에 대한 스펙트럼을 꾸준히 확장시켜나갈 수 있는 창구 역할을 한다. 잠깐 있다 사라지는 게 다반사인 미술계에서 계속해서 제 일을 하겠다는 무언의 의지인 셈이다. 전시기획과 시각문화에 대한 글쓰기로 생계를 유지하던 그도 작업실처럼 쓸 공간이 있기를 바라왔다. 공간으로 돈을 벌겠다는 심산이 아니라 연구가 될 만한 작업에 대해 논의하고, 새로운 시도를 전시로 보여줄 수 있는 내 공간 하나쯤은 있었으면 하는 바람이 있었다.

　그렇기에 그의 결정은 당시 미술계의 흐름에 동조하는 행위도 아니었고, 일단 한번 해보자는 식의 무모한 도전도 아니었다. 시작은 예상치 못한 데서 비롯됐지만, 막연하게나마 꿈꿔왔던 일을 실천할 순간이 왔다고 생각했다.

기획자에서 공간 운영자로의 변신

계약서에 도장을 찍고 제일 먼저 한 일은 규칙을 만드는 것이었다. 이름은 무엇으로 할지, 로고는 어떻게 만들지, 한옥 내

부에 신발을 신고 들어갈지 말지, 몇 시부터 몇 시까지 열지, 홍보는 어떻게 할지…. 하나부터 열까지 일일이 결정을 해야 했다. 그 과정에서 그래픽 디자이너 홍은주와 김형재의 도움을 많이 받았다. 두 사람은 시청각 로고 시안과 시청각 홈페이지와 '시청각 문서' 시안을 잡아주고, 오랜 시간 그의 곁에서 함께 고민해주었다.

> **"그때가 가장 재밌었어요. 공간으로 돈을 버는 것이 아니었기 때문에 더 재밌게 해야 한다고 생각했거든요."**

펌펌펌, 럼펌펌, 도큐먼트 등 다수의 후보를 제치고 '시청각'이라는 이름이 채택되었다. '종로구에 위치한 디귿자 형태의 전시장, 전시공간'이라는 담백한 소개를 담은 홈페이지(audiovisualpavilion.org)도 만들었다. 사람들이 이곳을 전시공간으로 인식해주길 바라는 마음에서 일부러 '전시공간', '전시장'이라는 단어를 많이 써가며 적극 홍보도 했다.

뼈대를 갖추는 일을 해가면서, 한편으로는 시청각의 방향성과 방침에 대해 고민했다. 국공립미술관은 매년 예산계획을 세우고 예산에 맞춰 1년 전시계획이 정해진다. 국가재정으로 운영되는 만큼 공공성이 절대적으로 요구된다. 반면, 작품 거래를 통한 이윤으로 움직이는 상업화랑은 이익 창출을 위해 미술 동향에 촉각을 곤두세운다. 어떤 작업이 잘 팔리는지, 거래 가격은 어느 수준인지를 꿰뚫고 있어야 한다.

시청각이 나아가야 할 방향은 공공성도, 이윤도 아니었다. 전시공간을 갖게 되었으니, 연구하고 싶었던 작가와 작업들을 전시로 보여주리라 다짐했다. 그래서 대관 없이 1년에 대여섯 번 자체 기획전시를 열기로 했다. 대관을 하면 공간 운영자금에 보탬이 된다는 걸 알지만 '시청각'에서는 아무 전시나 보여주고 싶지 않다는 마음으로 내린 결정이었다.

일반적으로 규모가 큰 미술기관은 공간의 물리적 환경을 관리하는 시설관리부와 콘텐츠를 담당하는 전시기획부서가 따로 있다. 하지만 단 두 명의 인원으로 운영되는 시청각에서는 모든 일을 스스로 해야 했다. 운영자로서의 현시원과 전시기획자나 글쓴이로서의 현시원은 하는 일이 전혀 달랐다. 전시기획자나 글쓴이가 그릇 안에 담긴 콘텐츠를 다루는 사람이라면, 운영자는 그 그릇이 깨지지 않도록 잘 관리하고 책임져야 하는 사람이다. 이 둘을 한꺼번에 해내는 일은 생각만큼 쉽지 않았다.

처음엔 전시장을 지키는 일까지 혼자서 다 했다. 방문객을 상대하는 것도 쉽지 않았다. '시청각'이 사진이 잘 나오는 핫플레이스로 페이스북에 소개되었을 땐 관광객들이 여행가방에 옷을 싸가지고 와서 사진을 찍는 일이 잦았다. 그럴 때마다 방문객이 기분 상하지 않게 이것은 작품이라고 설명해야 했다. 잊지 못할 사건 사고도 많았다.

"작품을 잘 보호해야 된다는 점이 가장 중요했어요. 그런데, 그러

면 제가 이곳의 큐레이터가 아니라 공간의 관리자로 바뀌게 되는 거예요. 그뿐만이 아니에요. 지금은 바닥에 카펫이 깔려 있지만, 겨울에 수평 몰타르를 깔았다가 몰타르가 덜 말라서 부츠가 바닥에 쩍쩍 붙고 커피를 쏟기도 하고…. 완전 아수라장이었어요."

다행히 작품이 분실되거나 망가진 경우는 없었지만 물리적 공간을 책임지는 것이 생각보다 많은 에너지가 소모되는 일임을 절감했다. 초기에는 운영비를 줄이기 위해 혼자 공간을 지키느라 다른 볼 일도 못 보고 발만 동동 굴린 적도 많았다. 지금은 요령이 조금 생겨 믿을만한 이늘에게 공간 지킴이 역할을 부탁하거나 그게 여의치 않을 땐 운영시간을 변경하는 등 그때그때 유연하게 운영하고 있다.

"궁금하다고 무작정 접근하면 이도저도 아니게 되는 것 같아요. '사람 사는 집을 전시공간으로 바꾸다니'라는 말은 편하게 할 수 있지만, 보이지 않는 테크닉한 면에서 어려움이 정말 많았어요. 문을 열고 공간을 지키는 문제도 있고요. 하다못해 계절에도 민감해지더라고요. 특히 여름이나 겨울에요. 마당이 있어서 미세먼지에 바로 노출되는 것도 문제고. 머리로 상상하던 공간 운영 방식이 있는데, 그게 이렇게까지 시간을 뺏는 일인지는 몰랐어요. 물리적인 공간을 운영한다는 게 진짜 어려운 일이더라고요."

　　　　　　　　　　　　　　　공간 운영자의 마음

무엇을 담을까, 과거에서 벗어나기 위한 시도들

1년에 평균 여섯 번의 전시. 전시기간이 한 달인 걸 감안하면, 두 달에 한 번은 전시가 열린 셈이다. 그 많은 스케줄을 어떻게 소화했을까. 한국 미술계의 소중한 자원이라 생각되는 작가들의 작업을 보여주고 싶은 마음이 컸기 때문에 가능했던 일이다. 그래서 조금은 엄격한 기준으로 운영했다. 시청각에서 전시를 하고 싶다는 연락이 오면 정중히 거절했다. 아무 전시나 보여줄 수 없다는 확고한 원칙과, 원칙에 어긋나는 일은 하지 않겠다는 다짐 때문이었다. 고지식해 보이겠지만, 그렇게 하지 않으면 공간을 만든 의미가 없다고 생각했다.

> "시청각이 중요한 공간이 되기보다는 흥미로운 공간이 되는 게 중요했던 것 같아요. 공간이 더 많아지면 이십대 작가만 전시하는 곳이 생길 수 있고, 텍스트만 전시하는 곳이 생길 수도 있어요. 하지만 아직 시청각은 저나 인용 씨가 관심 있어 하는 작가들 중심으로 운영하는 게 맞다고 생각했어요. 우리가 연구 대상이라고 생각했던 것들을요."

생각만큼 쉽지 않았다. 전시장으로서 시청각이 갖고 있는 물리적 제약 때문이었다. 작품을 잘 볼 수 있는 흰 벽과 작품 크기에 구애받지 않는 충분한 천장 높이는 작품을 전시한다고 했을 때 일차적으로 고려되는 사항이다. 게다가 작품은 습도와 온도에 민감해 전시장은 다른 어떤 공간보다 까다로운 환경 조건이 요구된다. 장시간 높은 습도와 온도에 노출되는 경우, 회화작품은 캔버스의 나무틀이 변형되거나 표면에 균열이 생길 수도 있다. 길게는 1년 가까이 진행되는 기획 전시나 종료기한이 없는 상설전시의 경우엔 작품들이 전시장 환경에 오래 노출되기 때문에 더더욱 공간의 컨디션이 중요하다.

그래서 생각해낸 아이디어가 '공간을 잘 다룰 수 있는 작가를 섭외하자'였다. 공간이 갖고 있는 물리적 한계를 역으로 활용해보자 싶었다. 시청각의 공산적 특수성을 염두에 두고 연락한 첫 번째 작가가 이수성과 구동희였다.

"처음 시청각을 열 때에도 공사는 최소화했어요. 있는 그대로 이 공간을 두면 좋겠다고 생각해서요. 이수성 작가는 작품 개념이 넓어 공간을 잘 다룰 거라는 확신이 들어서 문 열자마자 바로 메일을 보내서 만났어요. 구동희 작가는 영상 작품을 보면서 (여기서 전시하면) 재밌을 거라고 생각했고요. 근데 작가들 대부분이 과거의 작업을 그대로 가져오는 것을 별로 좋아하지 않는 것 같아요. 새로운 에너지를 투자하는 것을 바라는 거죠. 완전 특화된 전시를요."

그렇게 탄생한 첫 전시가 〈Bachelor Party〉(2014)와 〈밤도둑〉(2014)이다. 구동희 작가는 모래를 깔고 밤에만 볼 수 있는 전시를 했다. 이 전시에서 낮은 천장과 오픈된 마당은 더 이상 제약이 아니었고, 오히려 새로운 작업의 재료가 되었다. 반응도 좋았다. 처음 문을 열 때부터 페인팅 전시는 거의 포기하고 시작했지만, 전시기간을 한 달 이내로 짧게 잡음으로써 작품이 외부환경에 적게 노출되도록 했다. 이런 운영상의 노력과 더불어 작가들과의 논의를 통해 방법을 찾아갔다. 그 결과, 박미나 작가 개인전(2016)을 비롯해 회화, 조각, 영상 등 다양한 매체를 활용한 작품들로 공간을 채울 수 있었다.

그럼에도 한옥은 전시공간으로는 열악했다. 그래서 전시 이외에 다른 것들을 통해 한옥의 핸디캡을 보완해야겠단 생각이 들었다. 그게 '문서'와 '활동'이다. '문서'는 시청각에서 발행하는 모든 출판물을 일컫는다. 시청각에서는 2주에서 한 달 간격으로 낱장의 인쇄물을 발행하는데, 이 인쇄물들을 묶어 책으로 펴내고 전시, 프로젝트와 연계한 책자 『시청각 도서』도 발간한다. '활동'은 토크나 상영회 등 전시 외적인 부분을 담아냈다.

『시청각 도서』는 그의 오랜 글쓰기 경험에서 나온 아이디어였다. 국문학도였던 그는 대학원 재학 중에 친구 안인용, 황사라와 함께 독립잡지 《워킹 매거진Walking Magazine》(2006년 4월 창간)을 창간할 정도로 출판과 글쓰기에 관심이 많았다. 대학 시절엔 학보사 미술기자로 활동하면서 전시일정을 체크하고 인터뷰하는 일이 일상이 되었을 정도로 미술에 빠져 살았다. 그는 시각 이미지를 글로 풀어내는 일이 다른 어떤 일보다 즐거웠다. 『디자인 극과 극』과 『사물유람』 (2014)이 시각문화에 대한 관심을 재치 있게 풀어낸 글이라면, 2017년 출간한 『아무것도 손에 들지 않고 말하기』는 큐레이터로서 느낀 단상들을 짧은 분량의 글로 응축시켜낸 책이다. 그에게는 시청각 못지않게 글쓰는 일도 중요했기에 공간 운영을 하면서도 글쓰는 일을 소홀히 할 수 없었다. 오히려 전시의 부족함을 글로 채우자는 시도가 시청각만의 독자적인 운영체계를 구축하는 데 도움이 됐다.

질문이 아이디어가 되기까지

"워낙 궁금한 것이 많아서 주변에 많이 물어봤어요. 그때 들었던 말이 아직도 기억나요. '네가 물어보는 것은 내가 한 번도 생각해보지 못한 것이 많아.' 근데 사실 제가 엄청나게 창의적인 질문을 한 것은 아니에요. 그냥 궁금한 것이 많았던 것 같아요. 작가들한테도 재밌는 얘기를 많이 물어봤던 것 같고요."

시청각의 콘텐츠들은 그의 궁금증에서 나왔다고 해도 과언이 아니다. 생각나는 질문들은 그때그때 메모해둔다. 그게 습관이 돼서 집에 쌓인 노트만 한가득이다. 매일 노트가 바뀐다고 친구들이 놀릴 정도로 메모광이다. 무엇이 생각나면 장소 불문하고 일단 적는다. 글을 쓸 때나 전시기획을 할

공간 운영자의 마음

때 이 노트들을 넘겨보면서 아이디어를 얻는다. 그가 기획한 전시와 쓴 글의 양을 생각하면, 그 모든 것이 바로 이 노트에서 나왔구나 싶다. 계속해서 질문하고 그 질문을 다른 사람들과 나누다 보면 하고 싶은 일이 생기고 꼭 해야겠다는 일이 생긴다.

가끔 어마어마한 양의 노트를 보고 있자면 '메모가 강박이 되어버린 것 아닌가' 하는 염려가 된다고 하지만, 그것이 바로 지금의 현시원을 있게 한 동력이 아니었나 싶다. 그 메모 속의 질문들이 궁금해졌다. 공간을 운영하기 전과 후로 달라진 점이 있을까? 내용적인 차이보다는 줄어든 메모의 양을 실감한다.

"시청각을 운영하면서 시간에 쫓기다 보니 자연스럽게 질문이 많이 줄어든 것 같아요. 공간을 운영하면서 제가 자유롭게 상상할 수 있는 기회를 뺏긴 것 같다는 생각을 했어요. 해마다 기금 지원서 쓰는 데 많은 시간을 들여야 하고, 행정적인 문제도 신경 쓸 게 많아요. 솔직히, 공간을 갖고 있다는 게 되게 매력적인 일인 건 맞아요. 그런데 한편으론 제 시간을 많이 뺏기도 해요. 그 과정에서 진짜 많이 배웠죠."

서울문화재단 또는 아르코에서 공간 운영 기금을 지원받기도 하고 공동 운영자와 부담을 나눠 지기도 하지만, 지출을 충당하려면 몇 배는 더 열심히 뛰어야 하는 게 현실이다.

줄어든 노트의 양이 그걸 반증한다. 공간을 처음 운영하겠다고 했을 때 가졌던 마음가짐과 계획들을 잊게 만드는 순간들도 있었다. 그럼에도 6년 넘게 이곳을 지켜온 데에는 그럴만한 이유가 있다.

> **"공간을 갖고 있다는 것은 연구 주제를 자유롭게 정하고, 작품을 가까이서 보고 연구하고, 또 그걸 보여줄 수 있는 환경이 주어진 거잖아요. 아무 때건 글을 쓸 수도 있고요. 현장에서 일하는 큐레이터로서 공간을 운영한 게, 정말이지 저를 현장에 있게 해준 것 같이요. (공간을 운영하면서) 뇌게 좋은 관찰자이자 동시에 관찰대상이 된 것 같아요."**

무엇이든 빠르게 돌아가는 미술계 안에서 현장의 이면과 마주할 수 있었던 것. 그것은 기관에서 일하거나 기획자로서 일했을 때와는 또 다른 경험이고, 공간을 운영하지 않았다면 절대 몰랐을 소중한 체험이었다.

좋은 동료가 있다는 것

미술가들은 콜렉티브나 그룹으로 활동하는 경우가 종종 있지만, 큐레이터들은 연합체가 거의 없다. 동료 큐레이터들끼리 모인 자리에서 "우리도 연합체를 만들자"는 얘기가 오간

게 전부지만, 공간을 열게 된다면 동료들과 함께 운영하는 일이 실제로 가능하지 않을까라는 생각도 들었다. 그에게 동료와 친구는 가장 가까운 조언자이자 조력자이다. 10년 넘는 시간을 함께 성장하며 서로의 모습을 지켜봐온 대학원 친구들이 현장에서 같이 활동하는 동료들이니 더욱 각별한 것이리라. 전시기획 아이템을 낼 때도 친구들의 아이디어가 더해져 더 재미있는 기획이 되기도 한다.

안인용은 가장 가까운 친구이자 동료다. 글이 나오면 제일 먼저 읽어주는 제1의 독자이면서 비평가다. 현시원이 공간을 오픈한다고 했을 때 "재밌겠다. 같이 하자"라며 응원을 보내온 것도, 한옥을 먼저 제안한 것도 안인용이다. 둘의 인연은 햇수로 20년이 다 되어간다. 대학 시절 동아리 기자생활을 함께하며 맺은 인연이 지금까지 이어져온 것이다. 현시원이 대학원을 가고, 안인용은 회사생활을 할 때도 두 사람은 한결같았다. 둘은 만나면 늘 새로운 무언가를 만들 궁리를 했다. 일과 놀이의 경계가 따로 없었다. 《워킹 매거진》이 그렇게 해서 나온 첫 번째 결과물이었다. 비슷하면서도 다른 성격 탓에 죽이 잘 맞았다고 할까.

"저는 뭔가를 자꾸 펼쳐놓는 스타일인데, 인용 씨는 그걸 오므리는 사람이에요. 그 점이 잘 맞물려서 공간이 잘 운영되는 것 같기도 해요. 결과적으로 다른 성격이라서 오래 같이할 수 있었던 것 같아요."

서로 다른 성격은 공간을 오픈한 이후 장점으로 작용했다. 상대적으로 타인과 나누는 것을 좋아하는 안인용이 세미나, 워크숍 같은 외부 활동을 맡아 하며 서로의 업무를 효율적으로 분담할 수 있었다. 공간을 맡겨두고 출산했을 때를 회상하면 그의 존재가 더욱 고맙다.

미술계에서 마음을 나눌 동료가 있다는 건 굉장한 일이다. 하나같이 개성이 뚜렷하고 개인주의적 성향이 강하다 보니 마음 맞는 사람을 찾는 게 쉽지 않다. 게다가 상대적으로 프리랜서가 많은 직군이다 보니 '어떻게 독립적으로 살아야 할 것인가'에 대한 막막한 물음을 함께 나누며 풀어갈 방도가 마땅히 없다. 그래서 역설적으로 동료가 중요하다. 그 소중함을 생각하지 않을 수가 없다.

공간 '시청각'에서 '시청각 랩(Lab)'으로

2019년, 공간을 운영한 지 햇수로 6년이 됐다. 처음 우려와는 달리 전시공간으로 잘 자리매김했다고 느껴지는 시간들이다. 외부 강연이나 인터뷰 때마다 시청각에 대해 많은 질문을 받았지만, 되도록 말을 아껴왔다. 시청각에 대해 운영자 본인의 생각으로 평가되는 것보다 그것을 보고 경험한 사람들에 의해 얘기되고 회자되는 게 더 흥미롭다고 생각해서였다.

"사실은 (시청각에 관해서) '공간이 작품보다 되게 강하다'라는 말을 많이 들어왔어요. 그런 말에 그닥 신경을 쓰는 편이 아닌데, 동의가 되죠. 천천히 생각해보고 싶은 마음이 있는데, 시청각이 뭐 그렇게 중요한가라는 생각도 있어요. 중요한 건 작가들 작업이죠."

공간을 작가들의 작업을 담는 그릇이라고 치면, 그 그릇과 내용물이 어떤 모습으로 비쳐질지는 아무도 모른다. 그럼에도 묵묵히 그 그릇 안에 무엇을, 어떻게 담을지 고민하며 보낸 지난 시간을 돌이켜봤을 때, 단연코 후회 없는 선택이었다고 현시원은 말한다.

그의 말 속엔 그동안 너무 고집스럽게 운영한 것은 아닌지 하는 아쉬움과 지금까지 잘 버텨왔구나 하는 스스로에 대한 대견함이 서려 있었다. 이제는 방향을 바꾸어 꽉 쥔 손을 조금 펴볼 생각이다.

"2013년에는 제가 가지고 있는 재료들을 써보는 시간이었다면, 2015~16년에는 인용 씨랑 의견을 맞추는 걸 되게 중요한 일로 판단했던 것 같아요. 둘이 같이하니까 협업하는 게 중요하다고 생각했어요. 출판물《계간 시청각》을 만드는 일이라든지. 지금은 다른 기획자가 기획을 하는 것도 좋을 것 같아요. 그래서 그런 가능성도 생각하고 있어요. 대관의 형태도 염두에 두고 있고요. 새로운 프로그램도 인용 씨랑 좀 짜보려고 해요."

공간 운영자의 마음

공간 운영자의 마음

인터뷰 이후 시청각은 2019년 10월 〈SMSM10〉 전시를 끝으로 한옥 전시장의 문을 닫고, 서울시 용산구 용문동으로 옮겨 오피스 개념의 전시공간으로 다시 태어났다. 한옥 전시장이었던 시청각을 더는 방문할 수 없게 됐지만 지난 6년의 시간을 보증하는, 빼곡히 쌓인 시청각 '문서'들과 새로워진 용산 공간에 대한 기대가 아쉬움을 잠식시켰다. "제가 A와 B 사이에서 선택을 할 때 되게 많이 걱정을 했는데, 지금 생각해보면 그 둘 중에 어떤 것을 선택하든 큰 차이가 없었던 것 같아요"라던 그의 말이 잊히지 않는다. 새롭게 오픈한 '시청각 랩(Lab)'에서 그가 미술을 통해 보여주고 싶어하는 얘기들이 계속될 거라는 기대감이 커지며 궁금증으로 이어졌다.

인터뷰 및 정리 | 김현숙

공간 운영자가 되고 싶은 이들에게 건네는
현시원의 마음

1. 가까운 친구를 두세요.

전시장을 다니게 된 계기에 분명 친구들의 영향이 없었다고 할 수 없어요. 이십대 초중반에 만난 작가 친구들이 지금까지도 함께하는 소중한 인연들이에요. 개개인의 아이디어가 만나는 사람에 따라 다 다르게 발현되는 것 같거든요. 그래서 더더욱 내 옆에 누가 있는지가 중요하다고 말하고 싶어요.

2. 지금 당장 실행할 순 없어도
하고 싶은 것들을 메모해두는 것도 좋아요.

아직도 기억나는 게 예전에 극장에서 영화를 보기 위해 기다리면서 노트에 적어둔 것이 있었거든요. 전시해보고 싶은 작가와 작업 리스트였어요. 그냥 적어본 거였는데, 그때 써놓은 것들이 지금에 와서, 공간을 운영하면서 실제로 실현이 됐어요. 사람은 안 변해요. 해보고 싶은 건 10년이 지나도 할 수밖에 없게 되는 것 같아요.

3. 생각지도 않았던 일을 해보는 것도 중요해요.

내가 생각하는 것은 남들이 이미 다 예상하는 거거든요. 내가 생각하기에 모험이 되거나 아니다 싶은 것도 해보는 것, 그것을 해보는 것도 필요한 것 같아요. 지금은 모든 것을 다 예상할 수 있는 시대가 됐잖아요. 예측불허의 일을 시도해보는 용기가 필요하다고 생각해요. 예상치 못한 데서 오는 기발함이 가끔은 재밌는 결과를 가져오는 법이거든요.

공간 운영자의 마음

김해주, 큐레이터의 마음

몸에 딱 붙는 드레스, 높은 하이힐, 짙은 립스틱. 금수저로 태어나 도도하게 전시장을 거니는 이 캐릭터는 바로 한국 대중매체에서 왕왕 묘사하는 큐레이터의 모습이다. 나 또한 어릴 적, 큐레이터는 예쁘고 부유한 사람들만 하는 일이라고 여겼다. 실제 현장에서 큐레이터는 어떨까? 우리가 드라마로 접해온 저 이미지 그대로일까? 결론부터 말하자면, 아니다. 오히려 철저히 반대되는 이미지를 떠올리면 더 흡사할 것이다. 일단 전시장 사방을 뛰어다니며 모든 사람의 의견을 듣고, 조율하고, 반영하고, 또 뛰어야 하는 것이 주된 일이라 하이힐을 신고는 단 하루도 버틸 수 없다.

100년 전 세상에는 존재하지 않았던 직업 큐레이터. 큐레이터curator는 '낮게 하다' '돌보다'라는 뜻의 라틴어 큐라cura, 영어 큐어cure에서 유래한 큐레이트curate 뒤에 어떤 일에 종사하는 사람이라는 뜻의 접미사 er 혹은 or이 붙어 파생된 단어다. 20세기 초 처음 생겨나, 미술관을 중심으로 통용되기 시작했다. 미술계에서 큐레이터는 전시를 기획해 관객에게 작품을 선보이는 업무를 하는 사람을 지칭하는 말인 동시에 작품과 참여 인력을 '돌보는 사람,' 즉 소통하고 매개하는 사람을 뜻한다. 소속 기관에 따라 전시기획자, 학예연구사로 불리기도 한다.

이번 인터뷰의 주인공 김해주, 그는 한국 미술계에서 꾸준히 주목받고 있는 큐레이터다. 현재 서울 삼청동에 위치한 사립미술관 아트선재센터의 부관장으로 재직하며 전시기획 총괄을 맡고 있다. 그 전에는 독립 큐레이터(기관에 속하지 않고, 재단의 기

금이나 후원을 받아 독립적으로 전시를 기획하는 사람)로서 본인의
주된 관심 분야인 퍼포먼스, 아카이브 관련 전시와 프로그램을
꾸준히 꾸려왔다.

비가 분무기처럼 흩내리던 날, 수많은 사람이 꿈꾸고 바라
는 큐레이터라는 직업에 대한 궁금증을 가득 품고 아트선재센터
의 별관 한옥을 찾았다.

글로 만난 미술

김해주는 부산에서 나고 자랐다. 그가 대학에 들어갈 무렵,
부산에 시립미술관이 최초로 생겨났기에 어릴 적부터 미술
관 문화를 경험하고 자라지는 않았다. 집안 환경 또한 미술과
는 무관했다. 혼자서 관련 서적을 찾아 읽으며 미술에 막연한
관심을 두었지만 어릴 때는 정작 큐레이터나 전시기획자, 혹
은 미술관의 학예연구사라는 직업군에 대해 알지 못했다. 미
술을 한다는 건, 작가로서 활동하는 것이라고만 생각했다. 그
러다 고등학생 때 최영미 시인의 미술관 탐방 에세이 『시대의
우울』을 우연한 기회에 읽게 되었다. 그 뒤로 왠지 좋아 자주
꺼내 읽었다. 김해주는 그렇게 작품과 전시를 '읽는' 즐거움
에 빠져들었고, 미술을 글로 먼저 접하기 시작했다.

대학 시절에는 당시 어문계에 유행처럼 번진 중국어 공
부 대신 '조금 튀고 싶은 마음'에 프랑스로의 '일탈'을 택했다.

뚜렷한 목표가 있었던 것도 아니고 갈 곳이 정해진 상태도 아니었다. 다만 영화나 책으로만 접해온 프랑스 문화에 늘 관심이 많았다. 그렇게 파리로 떠나 초반 3개월은 어학원에 다니며 언어를 배웠고, 나머지 기간은 온 도시에 퍼져 있는 문화적 풍요와 혜택을 한껏 누리며 1년에 가까운 시간을 보냈다. 영화관, 공연장, 미술관 가리지 않고 닥치는 대로 찾아다녔고, 뭐든 보고 나서는 시시콜콜한 것까지 글로 적어 남겼다. 누구에게 보여주기 위해서가 아니라 그 시간들이 그냥 좋아서, 글로 남겨 오랫동안 기억하고 싶었다.

"글 읽는 것을 좋아하고, 또 항상 글을 쓰려고 노력해요. 머릿속의 생각이나 상상도 글로 써야 비로소 정리가 되는 느낌이에요. 모호한 상태가 언어로 구체화되면서 전시를 위한 소통에 필요한 어휘들이 갖춰지는 것 같아요. 작가와의 이메일이나 전시장 벽에 남기는 개요글, 도록 등 전시 전 과정에서 글쓰기가 필요한데요. 이때 어떤 단어와 표현으로 타인에게 전달하느냐가 중요한 문제라고 생각해요. 글쓰기는 큐레이팅에 직접 연결되어 있는일 같아요. 추상적인 형태의 생각이 단어를 만나 작가와의 소통의 도구가 되고, 그것이 작가의 시각적 표현과 만나 전시를 만드는 거죠."

1990년대 말에서 2000년대 초, 한국 미술계는 자국 미술에 대한 믿음으로 충만했다. 사회 전반의 암흑기였던 IMF

가 지나고 새로이 움트기 시작한 여느 기대와 희망 같은 것이었다. 글로벌을 화두로 국제교류가 활발히 진행되면서 미술계 또한 에너지가 넘쳐났고, 영미와 유럽권에서 유학을 마치고 돌아온 인재들이 새로운 이론과 업계 동향을 전하느라 분주했다. 이와 맞물려 당장이라도 한국미술이 날개를 달고 국제무대에 진출할 것 같은 분위기가 사방에 물씬 퍼졌다. 학부 시절 김해주가 잠시 도슨트로 근무했던 아트선재센터도 마찬가지였다. 그는 미술계의 이런 현상이 참 재밌고 신기하다고 생각했다. 그리고 미술과 문화에 대해 본격적으로 공부해보사 마음먹었다.

"도슨트를 할 때는 그것이 잠깐의 경험일 거라고 생각했어요. 미술이 궁금했지만 단순한 호기심이었죠. 근데 2년쯤 뒤에 제가 다니던 학교 사무실로 전화가 왔어요. 한 큐레이터 선생님이 한국과 프랑스 작가들이 참가하는 기획전을 준비하던 중에 도슨트로 일했던 저를 기억하고 연락처를 물어보러 전화를 주신 거예요. 불어가 가능한 어시스턴트가 필요했거든요. 그때 아트선재센터에서 인턴십을 하면서 전시 만드는 일을 돕게 되었고, 그 이후 알음알음 소개로 단기 업무를 맡을 기회가 종종 생겨서 몇 년을 공부와 일을 교차하면서 보냈어요. 미술 공부를 차근히 하고 그다음에 일을 시작한 게 아니라 우연히 일을 하게 되면서 미술과 전시 큐레이팅에 대해 배워나간 셈이죠. 이론 공부에 대한 필요성은 그 이후에 느꼈던 것 같아요. 아무튼 당시에는 직업으로서의 큐레이터는 여전히 막연하게 느껴졌어요. 다만 작가들이 창작할 수 있는 환경을 조성하고, 좋은 작품들을 모아 전시를 만드는 과정을 가까이에서 지켜보는 게 즐겁고 좋아서 큐레이터 공부를 더 하고 싶다는 확신은 있었어요."

시간과 소멸의 매체에 매료되다

서사과정을 밟기 위해 다시 찾은 프랑스의 대학에는 자유가 넘쳐났다. 각자 원하는 수업을 들으며 본인이 원하는 만큼만 자율적으로 공부하면 되는 방식이었다. 다소 느슨한 이 분위기가 김해주에게는 잘 맞았다. 학교 수업이 끝나면 그는 늘 혼자 바빴다. 학생 할인 가격으로 양질의 예술을 즐길 수 있는데다 연간 회원권을 끊으면 한 작가의 작업이 발전하는 모습을 꾸준히 지켜볼 수 있었다. 학교에만 의존하지 않고, 그는 파리라는 도시의 풍부하고 다양한 예술의 양분을 온몸으로 흡수하며 스스로 학습하는 생활을 즐겼다.

"파리에서 지낼 때는 집에서 가까운 시립극장을 자주 갔어요. 현대무용과 연극, 음악 작업을 고루 보여주는 기관이었는데, 뒷좌석에 앉아도 앞이 훤히 보이는 구조여서 저렴한 학생좌석으로도 작품을 온전히 볼 수 있었어요. 퐁피두센터의 전시장과 극장, 그리고 파리 근교의 여러 공간들을 시간날 때마다 찾아다녔어요.

지금도 활발하게 활동 중인 자비에 르로이, 제롬 벨, 보리스 샤마츠 등 소위 농당스(non-danse) 계열의 프랑스 안무가들 작품을 그때 많이 봤지요."

그가 본격적으로 큐레이터라는 직업에 첫발을 내디딘 것은 그르노블 국립현대미술센터의 큐레이터 워크숍 '에꼴 뒤 마가장'에 참가하면서부터다(에꼴 뒤 마가장은 20년 넘는 역사를 자랑하는 유럽 최초의 큐레이터 전문 트레이닝 프로그램이다). 물론 그 전에도 중간중간 귀국해 국내 여러 미술행사에 코디네이터로 참여하며 전시 업무를 배웠지만, 큐레이터 전문 프로그램에 참여해 큐레이터의 역할에 온전히 집중하는 시간을 가진 건 처음이었다. 당시 여섯 명의 다른 참여자와 함께 스위스 출신의 전설적인 큐레이터 하랄드 제만(Harald Szeemann, 1933~2005)의 아카이브를 연구하고 책으로 출간하는 프로젝트를 함께 진행했다.

"당시 퍼포먼스를 결합한 전시의 형식적 실험들에 특히 매료됐을 때였는데, 아마 이즈음부터 제가 작품 및 전시의 시간성과 움직임에 대해 본격적으로 관심을 갖기 시작한 것 같아요. 그리고 제가 막 전시를 보기 시작한 1990년대 말, 2000년대 초반에 특히 흥미롭게 본 작업들이 대개 영상이었어요. 이미지, 서사, 그리고 움직임을 구축하는 영상 매체의 다양한 구조에 흥미가 있었고, 영화와 유사하지만 전시라는 형식 안에서 특정한 설치를 통해 표현되는 방식이 폭넓다고 느껴졌어요. 전반적으로 현대미술이 다양한 장르의 형식과 주제를 수용하면서 감상과 사고를 훨씬 재미있게 만든다는 생각이 들었어요."

김해주는 한국 미술계에 꾸준히 퍼포먼스 전시를 선보이며 글도 쓰고 강의도 한다. 대표적인 그의 전시 및 퍼포먼스 프로그램으로 〈무빙/이미지〉 시리즈를 꼽을 수 있다. 2016년에 문래예술공장에서 첫 프로그램을 선보인 뒤, 2017년에 아르코미술관에서 그 두 번째를 진행했다. 문래에서는 영상을 상영하는 1층 전시장과 퍼포먼스를 감상할 수 있는 2층 공연장으로 나누어 행사를 구성했고, 아르코미술관에서는 전시가 진행되고 있는 곳에서 작가들이 개입해 퍼포먼스를 진행하도록 했다. 퍼포먼스를 주 매체로 삼는 작가들을 위한 플랫폼이 하나둘씩 사라지는 것 같다는 고민에서 출발한 프로젝트였다. 그의 머릿속에는 이미 세 번째 시리즈의 아이디어가 꾸려져 있다.

"새로운 전시에 대한 생각은 보통 이전 전시로부터 파생되는 것 같아요. 전시를 하면서 떠오른 것, 혹은 남겨진 질문이 다음 전시로 이어지는 연쇄적인 흐름이 있어요. 경험의 연속으로 생기는 자연스러운 반응이에요. '극장 공간에서 매일매일 다른 퍼포먼스 공연을 보여주는 형식이 어떻게 전시로 여겨질 수 있을까?'라는 질문이 한 전시에서 있었다면, 그 질문이 '전시라는 보여주기 방식과 그 틀에 속한 시간을 어떻게 활용할 수 있을까?' 또는 '전시 자체가 수행적 텍스트가 될 수 있을까?' 등의 질문으로 연결되었어요."

퍼포먼스는 시간과 소멸을 다루는 매체다. 전시 기간 내내 반복해서 상영되는 영상과 달리 퍼포먼스는 정해진 시공간에 놓인 관객의 존재를 매 순간 염두에 두고 진행해야 하기에 관객과의 밀고 당기는 에너지 교환이 상당한 장르다. 또한 살아 있는 사람의 몸(퍼포머)을 주요하게 다루는 매체이다 보니 매번 수많은 변수가 존재한다. 이 무한한 가능성에 맞설 때에 큰 재미를 느끼는 큐레이터가 있는가 하면, 어떤 이는 두려움을 품기도 한다.

"퍼포먼스를 기획하고 보여줄 때는 정작 완성된 작업이나 작업이 펼쳐지는 상황이 머릿속에서 상상했던 것과 매우 다를 때가 많아서 때로는 당황스럽기도 해요. 신작은 특히 더 예상이 안 되기도 하고요. 불확실성을 인정하고 불안과 의혹을 긍정적으로 받아들이는 마음이 필요한 것 같아요. 또한 예산이나 인프라 부족의 문제로 전혀 예상 못한 일들이 퍼포먼스 당일에 발생하기도 해요. 작업 과정에서 작가와의 대화가 부족해서 생기는 문제 상황이 터질 때도 있고요. 작가의 작업 속도나 진행 방식을 존중하는 것도 중요하지만 궁금한 부분은 계속 이야기를 꺼내고 적절하게 질문을 던지는 것도 필요한 것 같아요. 작가와 기획자가 서

큐레이터의 마음

로 질문과 의견을 주고받으며 협력해서 작업을 진행하는 것이 중요한 것 같아요. 이건 경험을 통해 배운 건데, 서로 타협하고 넘어가면 나중에 꼭 찝찝함이 남더라고요. 그래서 요즘은 '이게 맞을까요?' '조금 다르게 해보면 어떨까요?'라고 계속 묻고 답하죠. 그러면서 더 깊은 신뢰가 쌓이는 것 같아요."

기획은 어떻게 만들어지나

보통 하나의 전시가 만들어질 때 큐레이터의 기획이 시발점 역할을 한다. 김해주는 주로 이전 전시에서 생겨난 의문점에서 또 다른 아이디어를 연결지어 새로운 기획을 만들어낸다. 질문에 부합하는 구작을 전시에 초대하거나 혹은 작가에게 새 작업을 의뢰한다. 어떤 때는 여러 갈래의 복합적인 질문들이 쌓여가던 중에 특정 작가의 작업이 기획의 방아쇠를 당겨주는 경우도 있다. 거기서 또 새로운 전시 기획이 만들어진다. 다른 경우로, 기관의 기획 의뢰를 받아 전시를 만든다. 대체로 이런 경우는 공연예술기관 쪽의 퍼포먼스 아카이빙에 관한 것이 많다.

"기획에 대해 구체적으로 정리가 되면 작가들에게 제안을 해요. 참여를 긍정적으로 고려하는 작가는 즉시 또는 시간을 두고 '이런 걸로 해보고 싶다'라고 답을 주시죠. 그럼 제가 '이런저런 것들이 필요하겠군요?'라고 답장을 보내는 식으로 조금씩 대화를 확장시켜가요. 작품을 구현하기 위해 필요한 조건이나 주어진 상황들을 공유하면서 어떤 형태로 진행하면 좋을지 구체적으로 논의하는 과정이죠. 국내 작가와 작업을 할 때는 작업실을 방문하거나 미팅을 갖고, 해외 작가는 되도록 처음엔 직접 만나고 그 후로는 주로 이메일이나 스카이프로 대화를 이어가요."

김해주는 작가와 작품을 공부하기 위해 전시장을 부지런히 찾아다닌다. 전시 정보는 주로 SNS를 통해 얻지만 작품을 온라인으로 보는 것은 선호하지 않는다. 직접 가서 봐야 좋다. 전시 오프닝 때 가서 작가를 만나보고 알아가는 것도 좋은 방법이지만, 그는 혼자 조용히 가서 전시를 둘러보며 작품을 감상하는 편이다. 반면 해외에서 열리는 전시는 매번 방문할 수 없다 보니 몇몇 주요 미술기관과 비엔날레 같은 행사 홈페이지를 관심 있게 지켜보고 체크를 해둔다. 국내외 작가들을 두루 살피면서 누가 어떤 작품활동을 하고 있는지 늘 안테나를 세운다.

"흥미로운 작품이나 전시를 보면 머릿속 한켠에 저장해두고 어떤 기획의 아이디어가 생길 때 하나씩 떠올려요. 특정 주제의 기획을 준비하면서 작가나 전시를 리서치하는 경우도 있고요. 작품에 대해서는 좋다 안 좋다 판단하긴 어렵고, 형식과 내용이 잘 맞는 작업에 흥미를 느껴요. 물론 특정 주제에 적합한 어떤 형식

큐레이터의 마음

이 있고, 그것을 기술적으로 잘 적용한 작업이 있다는 뜻은 아니에요. 막연히 느끼던 감각을 적절한 단어로 표현하고, 지금껏 본 적 없는 문장을 사용해 공감을 주는 소설가에게 더 끌리는 것처럼 미술에서는 형식 또는 형태의 문제를 다루는 것이 중요하다고 생각해요. 매체의 형식을 사용하는 방식일 수도 있고 메시지를 다루는 방식일 수도 있는데, 어쨌든 미술은 시각적인 전달을 기반으로 하는 만큼 작품을 담는 틀에 맨 먼저 눈이 가게 마련이죠. 작가가 다루고자 하는 내용이 어떤 형식 혹은 틀과 적합하게 만나는가 하는 점이 저에게는 가장 흥미롭게 다가와요. 그런데 순간의 표현도 중요하지만 오랜 시간 특정 주제에 대해 고민하고 고유한 이유를 쌓아가며 정리하는 작업에도 존경과 감탄을 느끼고 있어요."

큐레이터가 말하는 좋은 큐레이터란

김해주는 유독 많은 작가들이 함께 일하고 싶어하는 큐레이터로 손꼽힌다. 인터뷰 도중 그에게 좋은 큐레이터가 되는 법을 대뜸 물었다.

"소통하는 일요. 전시는 작품과 작가 외에도 여러 사람이 힘을 합쳐야 가능한 일이에요. 큐레이터는 그 많은 사람들 사이에서 의견을 중재하고 모두를 위한 최선을 도출하는 역할이에요. 그래서 작품을 잘 보는 것 못지않게 작가의 말을 잘 듣고 이해하는 게 중요해요. 그리고 꾸준히 대화하는 것에 절대 지치지 않아야 해요. 타인에 대한 너그러움이 필요한 일이죠. 그리고 질문을 많이 해야 하는 것 같아요. 어떻게 적절한 타이밍에 필요한 질문을 할 수 있을까를 고민해요. 때로는 작업에 대한 모든 것을 작가들에게 묻고 싶지만, 작가에 따라서는 자기만의 시간을 가지고 어느 정도 완성 후 보여주고 싶어 하는 경우가 있죠. 반대로 작품 구상 단계부터 모든 것을 다 공유하는 분들도 계시고요. 상대의 페이스를 살피고 단거리든 장거리든 트랙을 설정해 함께 가야 하는 것 같아요. 또 전시공간을 좋아해야 해요. 저는 전시를 만드는 과정에서 공간이 서서히 변해가는 것을 지켜보는 걸 좋아해서 현장에서 계속 바라보는 편이에요. 그리고 무엇보다 미술을 좋아해야 하죠, 당연히. 또 본인이 과정을 이끌어가면서 즐길 수 있을 전시를 만들어야 하고, 업계에서 지치지 말아야 하고, 쉽게 (마음) 다치지 말아야 하고."

좋은 큐레이터는 업계에서 대단히 인정받는 전시를 만드는 사람만을 의미하지 않는다. 말도 많고 탈도 많은 이곳에서 '돌봄의 태도'를 갖췄는지가 무엇보다 중요하게 작동한다. 전시를 함께 만들어가는 이들이 다 같이 최선과 최상을 펼칠 수 있도록 하는 '돌봄'의 관계 속에서 신뢰를 기반으로 만들어지는 전시는 대개 흥미로울 수밖에 없다. 그만큼 많은 대화가 오갔을 테니 말이다.

큐레이터의 돌봄에서 또 하나 빠질 수 없는 것이 있다. 바로 돈, 전시 예산을 확보하는 일이다. 알다시피 미술계의 대다수 인력은 아주 빠듯하게 생계를 유지한다. 미술 관련 상업 환경이 잘 조성되지 않은 한국에서 소위 '예술로 먹고살기'란 결코 쉬운 일이 아닌 것이다. 그래서 독립 전시를 기획할 때에는 가장 먼저 국가나 시, 사기관 등에서 운영하는 기금을 따내야 하는 '책임'을 지니기도 한다. 여러 참여자의 임금과 작가의 신작 제작비 혹은 작업 대여비, 공간 대여비, 전시장 공사, 설치, 철수까지 감당해야 하기 때문이다. 가능한 예산을 제시하고 나면, 참여할지 말지는 오로지 개인의 선택에 달렸다. 보통 독립 큐레이터의 초대를 받을 때 참여자들은 돈의 많고 적음보다는 기획의 좋고 나쁨을 보고 결정을 내린다. 이는 큐레이터의 능력과 성의 문제이기도 하고, 또 막연한 미래를 향한 서로 간의 베팅이기도 하다.

사립미술관 부관장이라는 자리

과거 독립 큐레이터 김해주는 주로 본인의 질문과 작가들의 질문이 겹치는 공통분모를 포착해 전시를 만들고 퍼포먼스를 진행했다. 그렇기 때문에 관객층이 그닥 넓지 않았지만 별로 개의치 않았다. 그는 전시의 형식과 작품의 매체에 조금씩 변화를 주고 확장시키는 일이 재미있고 즐거웠다. 그렇게 오랫동안 혼자 일해왔다. 그래서 처음 아트선재센터에서 부관장 역할을 제안해왔을 때 꽤 긴 고민의 시간이 필요했다. 아트선재센터는 자그마치 15년 전, 도슨트라는 이름으로 그가 미술계에 처음 발을 디딘 곳이기도 했다. 큐레이터 김해주로 성장하는 데 주춧돌이 되어준 바로 그곳. 결국 그는 고심 끝에 제안을 수락했다.

"아트선재센터에서 일을 시작하고 나서 기획에 대한 생각과 방식이 바뀐 것 같아요. 혹은 그러려고 노력해요. 기관의 성격과 역할에 대해 생각하게 되었거든요. 독립 큐레이터로 일할 때는 제 자신의 실험과 주제에 관심을 가졌다면, 요즘은 막연하지만 '우리'의 범위를 좀 더 넓게 설정해서, '우리'에게 꼭 필요한 이야기가 무엇일까, 예술의 언어로 어떻게 그 지점을 건드릴 수 있을까라는 고민을 많이 해요. 넓게는 지구가 직면한 환경의 문제, 좁게는 서울 사람들의 상황 같은 것이오. 과거의 아트선재센터는 국제적인 작가를 초대해 좋은 작업을 보여주고, 또 한국 작가들을 해외에 소개하는 활동만으로도 의미가 있었어요. 하지만 지금은 다른 많은 기관이 그 역할을 할 수가 있어요. 이러한 때 '선재'라는 중간 규모의 사립미술관이 할 수 있는 역할이 뭘까라는 생각을 끊임없이 하고 있어요."

큐레이터로 살아남기

어쩌면 이 책을 읽는 독자 중 상당수는 큐레이터를 갈망하고 있을지도 모른다. 일반인뿐만 아니다. 매년 미술사, 미학, 예술학, 예술경영 등의 이론 공부를 한 국내 및 해외 석박사 인력이 배출되는데 이들 대다수는 이 직업을 갖길 원한다. 덕분에 한국 미술계는 학력 인플레를 겪으며 날이 갈수록 더 유능한 인재들로 채워지고 있다. 하지만 안타깝게도 관련 직군을 뽑는 기관이 극히 적을뿐더러 인턴과 코디네이터(기획 보조), 어시스턴트 큐레이터 등을 서치며 경력을 쌓아간들 자그마한 미술계 피라미드 안에서 살아남는 건 극소수에 불과하다. 그 소수에 들려면, 인맥관리를 특별히 잘하거나 정치싸움을 이겨낼 배짱이 있거나 혹은 누구나 인정할 정도의 맥가이버급 능력을 증명해 보여야 한다. 그 능력은, 좋은 작품을 선별해내는 감각과 동시대 미술계 이론을 수렴하는 참신한 기획력과 전시 서문을 일필휘지로 써내는 탁월한 서술 능력을 포함한다. 또 기금을 타내고 예산을 적절히 분배하는 능력도 요구된다. 이뿐만이 아니다. 전시에 참여하는 수많은 인력과 단체의 입장을 들어주고 중재하는 능숙한 소통과 돌봄 기술도 갖춰야 한다. 요컨대, 이토록 많은 일을 하면서 성격도 좋아야 한다는 말인데, 자본과 수익을 목적으로 하는 일이 아니다 보니 업계 평균 보수는 또 어쩌나 적은지…. 이 모든 불합리한 일을 내내 겪으면서도 우리는 미술계 주변을 맴돌며 떠날 생각

을 쉬이 하지 않는다. 서로에게 이유를 묻고 또 스스로 답을 찾다 보면 결론은 딱 하나다. "재밌으니까!"

"처음 전시를 배우며 일했던 2000년대 초만 해도 미술에 대한 믿음과 기대가 동력으로 작용한 시대였던 것 같아요. 지금은 점점 더 에너지가 저하된다는 생각이 들어요. 동력을 끌어올리기가 쉽지 않죠. 업무 조건과 제도의 취약함에서 그 이유를 찾을 수도 있지만, 근본적인 돌봄의 부족, 조건 없이 돌보는 마음과 여유가 부족한 것 같아요. 그래서 이 일을 더 의미 있게 만들 수 있는 방법이 뭘까? 온라인 활동이 강조되는 시대에 미술관이라는 물리적 공간이 과연 필요할까? 필요하다면 어떤 식으로 존재해야 할까? 그런 것들을 많이 생각해요. 예전에 전시를 만드는 일은 누군가에게 선물을 주는 일이라고 얘기해주신 큐레이터가 있었는데, 주고받는 보상의 관계를 생각하면 전시를 만드는 것은 매우 힘들고 지치는 일이에요. 그래서 더욱더 서로에 대한 너그러움이 필요하다고 생각해요. 길지 않은 경험이지만 제게 힘을 주었던 것도 타인에 대한 환대와 너그러움을 보여준 사람들이었던 것 같아요. 물론 아름답고 놀라운 생각을 전달하는 작업도 있지요."

마지막으로 다소 뻔하지만 중요한 질문 하나를 던졌다. 큐레이터가 되고 싶은 이들에게 해주고 싶은 조언이 있다면? 신중한 성격의 그답게 쉽사리 답을 주지 않았다. 반대로 그는 우리에게 계속 질문을 던졌다. "뭐가 있을까요?" "뭐가 필요할까요?"

"미술관에 소속되어 일하는 것은 길게 봐야 하는 과정이에요. 혼자 일할 때처럼 한번에 모든 에너지를 쏟았다가 쉴 수 있는 게 아니거든요. 요즘에는 함께 일하는 사람들의 속도를 파악하고 각각의 업무상 관계에서 적당한 거리를 찾아가면서 일하고 있어요. 아트선재센터에서 일을 시작하면서 가장 좋은 점은 오래 함께 일할 수 있는 동료가 생겼다는 거예요. 사람들은 독립으로 일할 때 굉장히 자율적일 거라 생각하지만 혼자 다 해내야 하기 때문에 오히려 굉장히 제한적이에요. 팀을 꾸려도 단기간 함께하다가 헤어져야 하니까 지속성이 없고, 어디서부터 내가 할 일이고 또 하지 않아야 하는지도 분명하지 않죠. 하지만 지금은 각자의 위치에서 해야 할 일을 잘 알고 있는 연륜 있는 스태프들도 있고, 신선한 의견을 내는 젊은 스태프들도 있어 팀으로 일하는 즐거움을 알게 되었어요. 여러 사람이 함께하는 전시 만들기의 환경에서 효율적인 일의 구조를 갖추는 게 매우 중요하다는 생각도 하게 되었고요. 조언이라면, 그러니 여러분도 좋은 동료를 곁에 많이 두세요!"

흰 반팔 티셔츠에 청바지를 입고 메이크업도 없이 등장한 그. 지금 당장 망치를 들고 전시장에 가 못을 박는다 해도 전혀 이상하지 않을 차림이다. 속을 단단히 채운 그에게 겉치레는 전혀 중요하지 않아 보였다. 인터뷰를 마친 뒤 우리는 아트선재센터 맞은편의 '라면땡기는 날'에서 함께 라면을 먹었다. 매운맛에 입이 타눅다가도 오늘의 만남에 대한 이야기로 흥분을 감출 수 없었다. 무엇보다 이토록 건강한 이상을 품을 수 있게 해주는 선배이자 좋은 어른을 만났다는 것이 기뻤다. 참으로 감사한 일이라고 되새기며, 내 옆에 있는 동료들과도 오랫동안 함께이기를 빌었다.

인터뷰 및 정리 | 용선미

큐레이터가 되고 싶은 이들에게 건네는
김해주의 마음

1. 텍스트와 가까워지세요.

전시를 만들 때에는 시각 언어를 문자로 치환해서 설명하는 일을 자주 해야 해요. 큐레이터가 사용하는 언어는 명확해야 하죠. 또 한편으로는, 전시의 기획의도를 작가에게 설명할 때, 전시장을 찾은 관객이 전시 서문을 읽을 때, 전시를 위한 후원을 찾을 때 등등 각각의 대상에 맞게 이를 변주할 수 있어야 해요. 글을 많이 읽는 것 역시 좋은데, 다른 큐레이터의 기획 글이나 비평문도 좋지만 작가가 직접 쓴 글이나 인터뷰들이 작업을 이해하는 데 도움이 많이 돼요. 자신의 생각과 입장을 드러내는 특정한 형식의 표현과 명료한 말들을 적절히 배치하는 훈련을 해보세요. 글은 그 자체로 책이나 웹사이트 등 또 다른 형태의 기획의 재료가 됩니다.

2. 대화에 지치지 마세요.

큐레이터의 업무와 역할에서 가장 중요한 것 중 하나는 대화를 이끌어가는 것이에요. 크건 작건 여러 사람과 함께하는 것이 전시 만들기인데, 짧게는 수개월에서 길게는 수년의 준비 과정이 필요한 일이지요. 그렇기 때문에 참여자 개개인과 대화의 끈을 놓지 않으면서 의견을 조율하고 중재를 해나가야 하는데, 때로는 매우 지난한 일처럼 느껴지는 이 과정에 지치지 말아야 해요. 중재나 갈등의 과정에서 일이 잘 풀리지 않을 때는 과감히 내려놓고 상대방에게 양보해보세요. 새로운 경우의 수가 거기서부터 발생하기도 하니까요.

3. 서로에게 너그러워지세요.

아무리 작은 일이라도 한번 맡겠다고 했으면 끝을 맺어야 해요. 기획자는 전시가 마무리될 때까지 그 역할에 대한 책임감을 가져야 하죠. 혹여 일의 과정에서 부당한 일이 생기면 타인의 권리를 침해하거나 나의 권리를 침해 당하지 않게 분명하게 유감을 표명하고 갈등을 해결해나가세요. 타협하지 말아야 할 것과 이해해야 할 것의 기준을 잘 살피면 좋겠어요. 리플릿의 크레디트 한 줄보다는 타인과 함께 무언가를 구축하고 만들어본 경험의 축적이 더욱 오래 남습니다.

큐레이터의 마음

이제, 작가의 마음

간혹 전시를 함께 만들어보자는 제안이 들어올 때가 있다. 작가 '이제'도 내게 전시 제안을 해온 사람 중 한 명이다. 전시 〈지는 싸움〉의 서문에서, "질 수밖에 없는 매 순간의 싸움에 성실하게 임하려 한다"는 문장을 보고 동시대 예술가로서 공감되는 지점이 있다며, 자신이 운영하는 갤러리 '합정지구'에서 기존 전시와 연계해 팀 개인전을 열어보자고 했다. 전시 준비를 위해 처음 만난 자리에서, 이제는 특유의 쾌활하고 정중한 말투로 함께 만들어갈 전시에서 기대하는 점과 연간 전시 일정 사이사이에 우리가 공간을 사용할 수 있는 기간 등을 친절하게 설명해주었다. 하지만 합정지구라는 신생 공간을 만들게 된 사회문화적인 배경과 앞으로의 운영 방향 및 지속 가능성에 대해 말할 땐 표정과 몸짓에 약간의 체념이 내려앉는 듯했다. 대화가 점점 무르익어, 동시대의 젊은 작가들이 처한 불안정한 예술 생태계에 대한 고민을 토로할 즈음엔 얼굴 한켠에 진심 어린 근심이 비쳤다.

미팅을 마치고 돌아오면서, 그의 행보와 고민에 동참할 수밖에 없도록 만드는 강한 이끌림은 어디에서 기인하는 것일까 궁금했다. 그러고 나서 한참 후에야 알았다. 대학 시절 전시장에서 우연히 마주했던 그림 하나. 제목도 작가도 모른 채 단 한 번 보았지만 꽤 오랜 기간 깊은 울림으로 남았던 그림 〈너의 노래, 지혜〉가 그의 작품이었다는 사실을.

화가 이제Leeje. 2005년 첫 개인전을 연 이후 최근까지 여덟 번의 개인전과 수많은 기획전시를 가지며 쉼없이 그림을 그려온 작가. 근 5년간 다양한 연령대의 작가, 비평가, 기획자 들을 발굴하고 소개해온 비영리 예술공간 '합정지구'의 대표.

지난 15년 동안 미술계 안팎에서 많은 예술가들과 호흡하며 회화작가로서, 예술공간 대표로서, 그리고 여성으로서 겪어왔을 숱한 고민과 노력의 시간들을 상상하자 그를 처음 만난 날 느꼈던 강한 이끌림이 다시금 떠올랐다. 그 이끌림은, 체계적으로 잘 다듬어져 세상 밖으로 나온 예술가가 만들어낼 수 있는 것이 아니다. 그것은 고뇌의 시간들을 맨몸으로 견디며 긴 어둠의 시간을 통과한 후 당당히 '웃통 까고' 세상을 헤쳐나온 예술가에게서만 느껴지는 수행과 치유, 그리고 인간과 삶에 대한 뿌리깊은 포용에 가깝다.

그림이라는 경험

"어릴 때부터 그림을 잘 그려서…." 아마 대부분의 미대생들이 공감하는 말일 거다. 이제 작가 역시 도구를 손에 쥐기 시작할 때부터 잘 따라 그리고 잘 표현할 줄 아는 아이였다. 하지만 사춘기 시절엔 미술보다는 다른 것들에 관심이 더 많았다. 원체 호기심이 많은 성향 탓에 어떤 때는 "명동의 지도를 머릿속에 외울" 정도로 패션에 푹 빠져 있기도 했고, 또 어떤 때는 영화하는 사람으로 살아가는 미래를 진지하게 생각해본 적도 있다. 그러나 고등학교 수험생을 둔 평범한 집안의 부모님을 설득할 재간이 없었다. 그렇다고 정해진 사회제도와 가족의 요구에 맞춰 살고 싶지도 않았다. 생각 끝에, 고등학교 2학년이 끝나갈 즈음 미대 입시 준비를 시작했다.

"미대를 가기로 결심할 때까지만 해도 일단 대학에 가고 나면 하고 싶었던 것들을 다시 도전할 수 있을 거라고 생각했던 것 같아요. 지리멸렬한 십대의 탈출구를 마련하자는 심정이었어요. 당시에는 작가가 무엇을 하는 사람인지도 몰랐으니까, 작가가 되어야겠다는 생각은 당연히 없었고요. 그냥 대학에 일단 들어가서 나중에 하고 싶은 분야로 이동하면 될 거라고 막연하게 생각했어요. 그런데 그게 쉬운 일이 아니었던 거죠. 막상 미술대학에 들어가니 회화과와 조소과만 해도 공통과목이 거의 없더라고요."

왜인지는 몰라도 미술대학의 여러 갈래 중에서 회화과는 좀 더 개방적이고 실용적인 학과처럼 보였고, 잘 배워두면 나중에 디자인이나 영화 쪽으로 진출할 때 요긴하게 써먹을 수 있을 것 같았다. 그래서 회화과에 진학하고 초반 1~2년 동안은 그림보다는 비디오아트, 설치미술, 조각 등 다양한 매체를 다루는 실기 과목을 더 열심히 섭렵했다. 틀에 박힌 입시 미술에서 멀어진 것만으로도 매번 새로운 도전과 경험이었기에, 며칠씩 날밤을 새워가며 작품을 만드는 것도 즐겁기만 했다. 그렇게 자의 반 타의 반 멀리하고 지내던 그림과 다시 가까워진 것은 대학교 3학년이 끝나갈 즈음이었다. 가장 친한

친구가 귓갓길 폭행 시비에 휘말려 세상을 떠난 것이 큰 계기가 됐다.

"이후 여러 해 동안 많이 힘들었죠. 학교도 휴학하고, 한동안은 외국에도 나가 있었어요. 그러다 학교로 돌아와보니 할 수 있는 게 그림 그리는 일밖에 없더라고요. 말로 설명하지 않아도 되고, 어쨌든 그림은 몸으로 하는 거니까요. 그때 처음으로 수행하듯이 그림을 경험한 것 같아요. 그림이 그 시기를 넘길 수 있게 도와줬어요. 그제서야 그리는 행위를 진지하게 제대로 겪어보게 된 거죠. 그 이후로 '자연스럽게' 작가의 길을 가게 된 것 같아요. 그 전까지 캔버스 위를 채우는 기술을 연마하면서 시간을 보냈다면, 그때 처음으로 '내가 무언가를 그리고 있구나'라고 느낀 거죠. 그런 시간을 보내면서 서서히 내 자리로 돌아올 수 있었어요. 그림이 치유의 역할을 해준 거죠."

어떤 순간을 캔버스에 담아낼지에 대한 고민은 작가라면 평생 짊어지고 갈 숙제 같은 것이다. 캔버스에 묘사된 순간은 외부의 풍경에서 기인한 시각적 이미지일 수도 있고, 작가 내면의 상태나 정서가 특정한 색깔과 질감을 얻어 캔버스 위에 발현된 것일 수도 있다. 이제가 처음 '겪어낸' 작품 〈무제〉(2001, 가로 2.1m×세로 2.7m)는 실기실 한쪽 벽을 꽉 채울 정도의 거대한 자화상으로, 물속에서 몸을 웅크리고 있는 인물의 상반신을 극사실적으로 묘사한 작품이다.

무엇을 어떻게 그려야겠다는 생각 이전에 '무엇이라도 해야만' 한다는 절실함이 컸던 시기였고, 학교에 실기실이 있으니 그곳에 가기만 하면 언제든 그릴 수 있는 조건도 마련돼 있었다. 실기실에 틀어박혀 미친 듯이 몇 점의 시리즈를 완성하고 나서야 조금씩 일상으로 돌아올 수 있었다. 버텨냄의 과정인 이 그림으로 졸업전시를 치렀고, 미술계에 데뷔도 하게 됐다. 당시 신생 대안공간으로 주목받던 아트스페이스 풀의 디렉터가 그의 졸업작품을 보고 그해 신진작가 기획전에 '이제'라는 이름을 올려준 것이다. 자신이 실제로 괴로웠는지, 아니면 괴로워야 한다고 생각했는지 분간이 안 될 만큼 불안정했던 시기를 그는 "의도치 않게" 그림과 함께 통과했고, 그렇게 지나온 어둡고 긴 터널 끝에는 '작가 이제'라는 타이틀이 기다리고 있었다.

안과 밖의 언저리에서, 당당히, 나를 발견하기

이제는 사회의 구조적 문제에 대한 비판의식을 작품을 통해 발언하는 데 탁월한 능력이 있는 작가로 알려져 있다. 하지만 시작부터 그랬던 것은 아니다. 남보다 조금 이른 시기에 작가 생활을 시작하기도 했고, 애초부터 작가의 꿈을 꿨던 것도 아니어서 학교 밖으로 처음 나왔을 때는 '준비된 작가'들과는 작품의 방향성이랄까, 작품이 발화되는 시작점이 사뭇 달랐다. 그에게 첫 전시는 한마디로 '신기한 경험'이었다. '나 괴로워, 나 가라앉고 있어'를 온몸으로 외치는 그의 그림은 작가 내면의 괴로움에 푹 빠져 있었다. 반면에, 함께 전시한 동료들의 작품은 타인의 풍경, 그리고 그 풍경과 얽힌 이야기들로 꼼꼼하게 메워져 있었다. 이미 자기만의 조형언어를 획득해 세상의 풍경을 읽어낸 그 그림들은 언제든지 관객과 대화할 준비가 되어 있는 것처럼 보였다. 전시장에 서서 동료들의 그림을 보고 있자니, 왠지 멋쩍은 감정이 밀려왔다. 그때 깨달았다. '아, 작업은 혼잣말이 아니구나. 갤러리는 바깥을 향한 공간일 수 있구나. 직가라는 식업은 그림을 통해 작업실 밖을 나와 관객을 만나고, 그림을 매개로 관객과 세상의 이모저모에 관해 이야기를 주고받는 것이구나' 하는 것을.

"뒤통수 맞은 느낌이었어요. 대학교 4년 내내 나름 열심히 이것저것 시도했다고 생각했는데, 결국 안에서만 열심히 했던 것 같고. 나와서 보니 '아, 미술은 이런 것들을 할 수 있구나' 하는 것도 좀 새롭게 알게 된 거죠. 마치 섬에서 처음 나온 아이처럼 놀랐어요. 전시의 다른 그림들은 사회적인 메시지도 담고 있는 것 같은데, 내 작품만 '나 지금 이런 상태야, 나 좀 봐줘' 하면서 자기 절망에 빠져 있는 것 같았죠. 대안공간에서 소개되는 현실참여적인 작업들을 보면서 미술이 복잡하고 어렵게 다가온 면도 있지만, 동시에 이전까지 열심히 하면서도 채워지지 않던 공허한 물음표들이 해소되는 느낌이 들었어요."

이왕 시작했으니 "나도 바깥을 보겠다"고 마음먹었다. 이제 작가는 대학 졸업 후에, 작가로 데뷔하고 나서야 오히려 그림이 뭘까, 미술이 뭘까 하는 진지한 호기심이 더 강하게 생긴 편이다. 하지만 본격적으로 작품을 해야지 다짐은 했지만 막막한 현실 앞에서 자신이 없어지기도 했다. 주변에서 '그림 잘 그리는 친구'라고 소개하는 것도 부담만 키워, 그런 말을 들을 때마다 기대에 부응하지 못하면 어쩌나 하는 걱정부터 앞섰다. '나는 그냥 그리던 대로 그렸을 뿐인데, 뭘 보고 칭찬한 걸까? 작품의 메시지와 의도가 적당하다는 건 무슨 뜻일까? 어떻게, 뭘 그려야 잘 그리는 그림이었더라?' 이런저런 생각이 많아져서 집중이 안 됐다. 그러다 겨우 한 점 완성해 놓고 보면 애초 의도했던 지점에서 왠지 모르게 어긋나 있는 것처럼 보였다. 덫에 걸린 것 같은 기분이 지속됐고, 그림 그리는 시간이 즐겁지 않았다. 하지만 희한하게도, 그리는 게 어려워 피하고 싶은 마음이 커지는 만큼, 그리고 싶다는 욕망도 동시에 커져만 갔다. 심경이 복잡한데, 혼자 작업실 안에서 끙끙거린다고 답이 나올 것 같지 않았다. 밖으로 나가기로 결심했다. 그래, 타자의 이야기를 하기로 했으니 나가서 경험을 찾자. 거기서 새로운 사람들을 만나고, 말하고, 일하고, 부딪치면서 날 끌어당기는 이미지들을 찾아보자.

"이십대 때 포트폴리오를 보면 중간에 2, 3년씩 비어 있어요. 그때 다른 일들을 많이 했어요. 당시는 공공미술 프로젝트가 활발했던 때여서, 지역을 찾아가 주민들과 같이 예술작품을 만드는 활동을 사이사이 했죠. 그중 남양주의 마석가구공단은 3년 정도 다녔어요. 한센인과 이주노동자들의 역사가 스며 있는 마을 곳곳을 개조도 하고, 분교에서 아이들을 대상으로 미술 수업도 진행했지요. 주민들을 인터뷰해 책으로 만드는 일도 했는데, 확실히 혼자일 때보다 현장에서 여럿이 함께하니까 '미술을 한다'는 새로운 느낌을 받게 됐어요. 그런데 정작 프로젝트를 하는 동안엔 단 한 점도 제 작품을 못 그렸어요. 주민들과 관계가 쌓이면서 인물이며 장소를 작품으로 옮겨 담기가 점점 어려워지는 거예요. 원래는 타자에 대한 호기심에서 시작한 일이었고, 그 경험을 통해서 무언가를 그리고 싶었는데, 막상 작업실 돌아와서 그곳 풍경과 사람을 그리려고 하면 복잡한 감정이 몰려오더라고요. 즐겁게 시작한 일이 심적 부담이 되어 돌아온 거죠. 타인들 틈으로 너무 깊이 들어가서 그 틈새가 관계로 채워지기 시작하니까 오히려 그림을 그릴 수 있는 심리적인 거리 확보가 안 되는 거예요. 그때 또 한 번 알았죠. 아, 창작이라는 것이 대상과의 적절한 거리가 필요한 작업이구나."

밖을 향하되, 완전히 스며들어서는 안 되는 일. 작가는 하면 할수록 어려운 직업이었다. 지금 같으면 사람들과 솔직하게 얘기하고 풀어갈 수도 있었으련만, 갓 데뷔한 젊은 작가에게는 그럴 만한 마음의 여유가 없었다. 누구보다 열정적으로 활동했던 그는 어느 날 갑자기 작별인사도 없이 모든 프로

젝트에서 손을 떼고 도망치듯 떠나버렸다. 돌이켜보면 참 서툰 이별이었다. 어느덧 삼십대에 접어들었고, 그 사이 세 번의 개인전을 열었다. 그동안 미술계에서 많은 걸 배웠지만, 작가로서 여전히 많은 것이 정체되어 있는 것 같아 불안했다. 남모르게 초조해하던 어느 날, 다시 '그리고 싶다'는 강한 열망이 찾아왔다.

"금호동에 재개발 붐이 있었어요. 어릴 때부터 몇십 년 동안 같은 풍경인 동네였거든요. 그런데, 어느 날 오랜만에 금호동 부모님 집에 들렀는데, 풍경이 완전히 바뀌어 있는 거예요. 제가 자란 동네의 건물들이 전부 다 밀려 사라져버렸어요. 그 장면이 주는 시각적인 충격이 있었는데 그게 작업의 시작점이 됐어요. '아, 이거 그려야겠다. 당장 그려야겠다.' 저를 가장 세게, 즉각적으로 움직이게 하는 이미지들은 항상 그런 양면이 있어요. 데뷔 작품도 그랬고요. 죽음의 이미지이면서 동시에 굉장히 매혹적인 이미지. 어떤 도시가 한꺼번에 밀려 사라진 풍경도 충격이었지만, 생각해보니까 도심에서 이런 지평선을 본 게 처음인 거예요. 빽빽한 빌딩숲 사이에 이런 허허벌판, 그리고 탁 트인 하늘이 존재하는 것을 무너져내린 풍경 속에서 발견한 거죠."

그릴 수밖에 없게 만드는 동력, 아름다운 이미지들은 생각보다 가까이에, 평범한 일상의 틈에 존재한다는 걸 깨달은 순간이었다. 그가 찾아 헤매던 '밖'은 마석에, 시골 분교에 있는 것이 아니었다. 온갖 모험을 겪은 후 빈손으로 돌아온 집 안에서 파랑새를 발견했다는 동화처럼, 그가 그렇게 찾아 헤매던 작품의 배경은 마치 '돌아오길 기다렸다는 듯이' 동네 앞 공터에서 떠올랐다. 나뒹구는 철거현장 잔해들, 그 파편들이 일구어낸 흙빛 지평선, 그에 대비되는 선명하고 깨끗한 하늘. 30대 청년이 품고 있던 내면의 고민들은 재개발을 목전에 둔 금호동의 풍경과 한 폭의 그림 안에서 자연스럽게 맞닿아졌다.

"추상적인 표현과 구상 표현이 한 장면 안에 드러나게 그렸어요. 다 그리고 나서 다시 해체하기도 하고 조합하기도 하고, 그림을 거꾸로 걸기도 하고, 물감을 덩어리째 바르기도 하고 일부러 흘러내리게 두기도 하고요. 우연성을 고스란히 남기는 방식을 실험했었죠. 기존의 성실한 묘사에서 멀어지는 것이 쉽지 않은 선택이었지만 그럼에도 해야만 한다고 생각했어요. 왜냐하면 나의 즉흥적이고, 불안하고, 우발적인 상태를 고스란히 그리는 행위로 드러내는 게, 당시의 저와 저를 둘러싼 모순이라고 해야 될까 내적인 고민의 요소들을 그림 안에서 '증명'할 수 있는, 내 솔직한 상태를 드러내는 유일한 '키' 라고 생각했거든요."

"과연 이게 그림이 될까. 이렇게 그리면 사람들이 뭐라고 할까." 그리는 내내 불안했지만 이번에야말로 피하고 싶지 않았다. 남보다 일찍 데뷔한 덕에 벌써 미술계에서 10년을 버텨냈고, 그 기간 동안 그림을 매개로 바깥세상과 소통하는 법과 작업이 미술 언어를 획득하는 방식을 몸소 체득했다. 어느 정도 자신이 있었다. 또한 더 이상 남의 눈치 보지 않고 '내 내면'과 당당히 마주하고 싶다는 오기도 발동했다. 그러기 위해서는 그동안 고수해왔던 작품 구상 방식을 벗어나는 것이 급선무였다.

'추상과 구상이 뒤섞인', 풍경화이면서 동시에 자화상이기도 한 〈너의 노래, 지혜〉는 이러한 시도들이 켜켜이 쌓여 이뤄낸 결과물이다. 작품을 보면, 크레인이 지나간 황량한 평지 위에 여자 한 명이 서 있다. 후드를 뒤집어쓴 여자는 양팔로 상의를 가슴 위까지 한껏 걷어올린 채 정면을 응시하고 있다. 상반신을 노출한 채 덤덤한 표정으로 관객을 바라보는 주인공의 얼굴에는 더 이상 주눅들지 않겠다 다짐한 이십대 후반의 청년 작가, 이제의 표정이 스친다.

"작품활동 초기엔 예술가는 특별한 상황들을 겪으면서 성장하는 거라고 생각했는데, 지금은 좀 달라요. 아마 무너진 금호동 풍경을 그리던 때부터 깨달았던 것 같아요. 건물들이 붕괴돼 폐허로 변한 땅에서 원래 있던 지평선을 새롭게 발견하게 되듯이, 작가로서의 정체성도 사실은 만들어가는 게 아니라 그 자체로 늘 완성돼 있었던 거예요. 그것을 순간순간 발견할 뿐이고요. 또 특정한 계기에 따라 변해가는 것이라고 생각해요. 10년 정도 미술계에서 작가로 살아남기 위해 고군분투하는 중에 알게 된 거죠. 있

　　　　　　　　　　　　　　　　　　　　작가의 마음

는 그대로의 나를 인정하고 나니 비로소 작가로서, 여성으로서 정체성도 깨어나게 되고, 그 정서들을 재개발 풍경 안에 녹여낼 수 있었던 것 같아요. 무너진 풍경 속에서 본연의 아름다움을 찾는. 예전 같으면 인물을 실제 사이즈로 캔버스 중앙에 배치하는 구도는 아예 시도하지 않았을 것 같거든요. 그만큼 저에겐 당시 그렸던 그림들이 새로운 시도고 경험이었어요."

한 가지 더 새롭게 깨닫게 된 사실은, 그의 그림을 보는 사람들도 작가의 감정을 고스란히 느낀다는 것이다. 그는 2010년 OCI미술관에서 주최하는 영크리에이티브 아티스트로 선정됐고, 같은 해 재개발 금호동 시리즈를 모아 개최한 개인전 〈지금, 여기〉로 작가로서의 입지를 다지게 된다.

미술작가로 '생존'하는 법

미술작가 지망생은 대개 공모사업의 문을 두드리는 것으로 첫발을 내딛는다. 서울문화재단, 경기문화재단 같은 각 지방자치단체의 문화재단이나 한국문화예술위원회 같은 곳에서 예술가의 창작 활동을 지원하는 기금지원사업들을 매년 시행한다. 장래가 유망한 젊은 미술가를 발굴하고 창작 활동을 독려하기 위한 사업인데, 정해진 양식에 맞춰 작품의 내용과 형식, 앞으로의 작품활동 계획, 포트폴리오 등을 준비해서 제출

하면 응모된다. 1차 서류전형에 통과하면 면접 후 최종지원자로 선발된다. 최종 선발된 예술인은 전시공간 대관료를 포함하여 대략 천만 원 내외의 전시 준비 기금을 지원받을 수 있다. 기금지원사업 외에 전시공간을 갖추고 있는 미술기관에서 공간지원사업을 주최하는 경우도 있다.

재단의 지원금을 받아 전시를 여는 경우 갤러리 섭외부터 작품 제작, 설치, 홍보, 기금 사용내역 정산까지 모든 일을 홀로 감당해야 하는 부담이 큰 대신, 전시의 전 과정을 작가의 취향대로 구축할 수 있다는 장점이 있다. 반면 미술관을 통해 공간을 지원받는 경우엔 전시 장소를 구하는 스트레스가 없고, 홍보와 설치 등의 일부 과정에 대해 기관이 도움을 주는 경우도 있어 지원금만 받았을 때보다는 전시 준비가 수월한 편이다. 하지만 국립, 사립을 막론하고 대개의 미술기관은 공간만 제공할 뿐 작품 제작비나 인쇄비 등 제반 비용에 대해서는 지원하지 않는 경우도 있어서 지원금을 받을 때보다는 금전적인 부담이 따른다.

이제 작가는 젊은 기획자와 평론가들이 의기투합해 만든 비영리 예술공간에서 젊은 예술가들을 활발히 발굴하던 시기에 지원 대상자로 선정돼 전시에 참여할 수 있었다. 첫 전시에서 알게 된 기획자와 동료 작가들의 소개로 다음 전시 기회를 얻었고, 그때 만든 포트폴리오를 기반으로 지원사업에 선정되거나 신진작가로 선발되면서 작가로서 자리잡을 수 있었다. 꾸준한 개인전을 통해 차근차근 포트폴리오를 쌓아

이제,

작가의 마음

가며 이름을 알리게 된 경우다. 돌이켜보면 운도 작용했던 것
같다. 이런 인연이 닿지 않는 이들은 공모 지원, 전시장 대관
등의 방법을 동원해 작가로서의 출사표를 던진다. 혹은 대학
원에 진학해 몇 년간 창작 공부에 매진하면서 미술 인맥을 넓
히며 작품 발표 기회를 엿보기도 한다. 어느 쪽이든 젊은 작
가 지망생이 첫 전시를 여는 데 성공해 대중에게 작품을 선보
이기까지는 문턱이 아주 높다. 갈수록 공모 경쟁이 높아지고
있는데다, 전시 경력도 선정 점수에 어느 정도 영향을 미치기
때문에 첫 번에 선정될 확률은 매우 낮다. 갤러리 대관비용이
며 대학원 진학에 드는 비용 또한 작품활동과 아르바이트를
병행하며 감당하기엔 녹록지 않은 액수다.

"일 많이 했죠. 미술학원 강사, 설문조사, 일러스트 외주, 문신 아
르바이트…. 정말 다양한 일을 했어요. 벽화도 그렸고요. 청소년
미술캠프 기획도 했네요. 그 중에서 제일 오래한 것은 미술교육
이에요. 대학에서 강의를 한 지 벌써 10년이 넘어가요. 강사 월
급이 저의 주된 수입원이기도 하지만, 여전히 가장 좋아하는 '일'
이에요. 경력이 쌓이면서 작품도 간간이 팔리기 시작해서, 작품
활동으로 얻는 수입도 꾸준히 생기고 있죠. 작품을 팔아서 생계
를 꾸리고 싶지만, 그림으로 얻는 수입은 사실 생활비를 감당할
정도의 금액은 아니에요. 국가지원금 등을 포함해서 작업으로 번
돈은 재료비나 작업실 비용 일부를 충당하는 정도지요. 결국 작
품 팔아서 다시 작품 만드는 데 쓰는 거죠. (웃음)"

대형 상업 갤러리에 소속되어 작품이 꾸준히 팔리거나, 국내 혹은 해외 레지던시(예술가에게 입주 공간을 지원해 작품활동을 돕는 사업)에 입주 작가로 뽑혀 일정 기간 작업비를 지급받는 경우가 아니라면 작가 생활만으론 생계를 유지할 만큼의 수입이 보장되지 않는다. 그러다 보니 대부분 파트타임 일이나 별도의 사이드잡을 통해 생활비와 작업비를 충당한다. 미술계에서 나름 오래 '버텨온' 작가인 그조차도 별반 다르지 않으니, 예나 지금이나 젊은 예술가 지망생이 작가로서 생존하는 일은 쉽지 않다는 걸 느낀다.

"미술계도 굉장히 경쟁이 치열하잖아요. 마치 취업준비생처럼 자기소개서, 포트폴리오 준비하고 공모 내고 면접 보고. 예전에는 예술계라고 하면 사회에, 체제에 부러 순응하지 않는 집단이라는 이미지가 있었지만, 근래는 신자유주의로부터 자유로운 예술활동은 거의 불가능하죠. 예술가도 무한경쟁 속에 쉽게 빠지게 돼요. 작가에게 작품 외 스펙도 굉장히 중요한 요소고요. 이런 상황을 오래 지켜보니까 지치기도 하고, 이런 시대에 예술이라는 게 과연 어떤 의미가 있나 허무감이 밀려올 때도 있어요. 그러면서도 작가로서 인정받기 위해 엄청 노력하죠. 이제 와서 포기할 수는 없으니까요. 그런 모순 속에 빠져서 좀 괴로웠어요. 그런데 주변 작가들과 얘기해보니까 다들 비슷한 고민을 하고 있더라고요. 그래서 우리끼리라도 뭔가 해보자, 우리가 인정하는 작품을 세상에 보여주자, 그런 생각이 들었고 자연스럽게 일종의 '느슨 처음에는 여럿이 모여 같이 작업하고 공부하는 아지트 같은 소소한 공간을 구상했다. 뉴욕 레지던시에서 돌아온 지 얼마 안 돼 서울에서 작업할 공간을 찾던 때였다. 마침 합정에서 적당한 공간을 발견했는데 기초공사가 필요할 것 같았다. 주변 동료들에게 SOS를 보냈다. 공간 디자이너는 상가로 쓰던 공간을 갤러리로 탈바꿈시켜주었고, 그래픽 디자이너는 멋진 로고를 만들어주었다. 비평가, 큐레이터와는 공간이 나아갈 방향에 대해 의견을 나누고 조언도 얻었다. 그렇게 몇 달 동안 여러 사람의 손을 빌려 완성된 아지트의 이름은 '합정지구.' 합정에 있는 '지구earth'라는 뜻도 있지만, 특정 지역을 구획하는 '지구district', 오랜 벗이라는 의미의 '지구知舊'라는 뜻도 있다. 혹시 집세가 올라 이사를 가야 한다면 '연남지구' '홍은지구' '상해지구' 등 새로 이주한 지역의 이름을 붙여 쓰면 된다는 생각에 농담 반 진담 반 붙인 이름이다.

지난 경험을 통해 얻은 깨달음은 작가는 혼자만의 노력으로 '완성'되는 게 아니라는 것. 대학을 갓 졸업한 그가 미술계에서 전시도 하고 일도 하면서 작가로 자리잡게 된 것도 선배 작가, 선생님의 도움이 컸다. 다른 한편으로, 선배, 선생님과는 다른 수평적인 관계의 '동료'들을 만나고 싶다는 갈증도 있었다. 홀로 외로이 작업을 이어가는 동료, 혹은 후배 작가와 함께 고민하고 해결책을 모색해보고 싶었다. 다행히 여러 작가들이 공감을 해줬고, 공간 기획부터 운영까지 물심양면 그를 도왔다.

그렇게 문을 연 합정지구는 2015년 이래 지난 5년간 전시, 프로그램, 교육활동 등 다양한 연령층과 관심사들이 모여, 명실상부 서울의 대표 비영리 예술공간으로 자리매김해가고 있다.

"저도 사람을 만나고 싶었던 시간이 길었나 봐요. 관계를 만들 때 타인의 처지를 공감한다는 게 저에게는 중요한 것 같아요. 예술인들은 일상의 많은 상실을 예민하게 감지하잖아요. 산다는 게 말 그대로 전쟁터 같고 말할 수 없이 두렵고 황폐하고 그럴 때는 여기저기서 텅 빈 말들만 난무하죠. 하지만 내 바로 옆에서 같은 처지에 있는 사람이 나에게 들려주는 마음의 소리는 저에게 다르게 울려요. 마치 전우애처럼요. (웃음) 사실 그림을 그리는 것은 혼자서도 얼마든지 가능하지만, 저는 예술이라는 매개를 통해서 사람들을 만나고 대화하고 공감하는 것도 그리는 것만큼 중요하다고 생각해요. 그게 어떻게 보면 제가 이 일을 지속할 수 있는 가장 큰 힘, 원동력이 되는 것 같아요."

여성 작가, 그리고 여성성으로의 회귀

"고등학교 때부터 친구들이 '이쩨, 이쩨' 이랬거든요. 본명인 '이

작가의 마음

작가의 마음

지혜'를 짧게 줄여 부른 거예요. 작가를 해야겠다 마음먹은 이후 새로 쓸 이름을 고민 중이었는데, 어릴 때 친구들이 불렀던 별명이 생각났어요. 발음을 좀 순화해서 '이제'라고 불러봤더니 마음에 들더라고요. 영어로는 'Right Now'이기도 하고요. 어제도, 내일도 없는 (웃음) 뭐 그런 느낌도 좋구요. 그리고 발음이 중성적인 것도 알고 있었어요. 여러 면에서 적당하다는 느낌이 들었어요. 두 글자인 것도 좋았고요. 이름을 바꾼 것은 작가로서 세상에 어떻게 보여질지에 대한 고민이기도 했어요. 중성적인 이름을 선택한 것은 평범한 여성이 작가로서 어떻게 하면 '여성'이라는 프레이밍에서 벗어날 수 있을까 하는 고민도 있었던 것 같아요."

'지혜'는 학창 시절 한 반에 두세 명씩 있을 정도로 흔한 이름이기도 하고, 무엇보다 평범한 여성의 이름을 그림 아래 붙여 '여성 작가의 작품'이라는 고정관념을 부여하고 싶지 않았다. 당시만 해도 한국 미술계, 특히 회화 장르에서 이름을 알린 여성 작가는 손에 꼽을 정도로 적은 데다, 그마저도 여성 작가라는 이유만으로 작품에 '여성주의'적 해석의 틀이 고민 없이 부여되는 경향이 있었다.

'이제'는 여성 프레임에서 벗어나 작품 그 자체의 이야기를 보여주기 위한 선택이었다. 그런데 아이러니하게도 이제로 활동한 지 15여 년이 지난 지금, 그는 동시대 회화작가 중에서 '여성'이라는 키워드로 가장 자주 호명되는 작가가 됐다.

"처음에는 제가 갖고 있는 여성이라는 정체성을 부정도, 긍정도 못했던 것 같아요. 드러내야 하는지, 넘어서야 하는지, 혹은 지워야 하는지 모르는 채로 이십대를 보냈어요. 작품뿐 아니라 제 삶에서의 여성성도 그랬고요. 그랬다가 〈지금, 여기〉(2010) 전시를 하면서 조금씩 내 삶과 작업이 맞닿는 경험을 하게 됐어요. 그러면서 나라는 사람이 어떤 스토리를 갖고 있는지, 또 내 안에 내재되어 있는 근본적인 기억을 작품으로 이야기하려면 어떻게 해야하는지 솔직하게 살펴볼 기회가 됐어요. 그 과정에서 자연스럽게 가장 가까운 저의 '몸'을 먼저 들여다보게 됐고요. 그러자 그 몸으로 평생을 살아오면서 축적된 여성으로서의 기억, 경험이 따라나오는 것을 발견했죠. 그렇게 조금씩 변화하기 시작했던 것 같아요. 지금은 부러 넘어서거나 누르려고 하지 않고, 저의 여성성을 '있는 그대로' 드러내는 방식으로 가고 있어요."

그는 '잘 아는 것을 성실하게, 다양한 방식으로 보여주는게 아름다움에 일조하는 일 아닐까'라는 결론에 도달했다. 그대상은 작가 자신이 갖고 있는 여성의 몸일 수도 있고, 가까운주변 인물들의 초상일 수도 있고, 매일 보는 주변 풍경일 수도 있다. 그것들 안에 내재된 주체성이 있는 그대로 작품 속에 녹아들 때, 여성은 그림 안에서 대상으로 머물지 않고 보다 자유로운, 생동감 있는 이미지를 획득하게 된다는 생각이다.

"올해 전시를 준비하면서 언어학자 선생님 한 분을 만났어요. 제

작품에 대해 얘기하시면서 중간중간 '기氣', '기운 생동' 같은 전통적인 개념들을 언급하셨어요. 예상치 못한 말들이었지만 굉장히 정확한 의미로 다가오더라고요. '기'는 에너지일 수도 있고, 움직임일 수도 있고, 어떤 감각 혹은 생명력일 수도 있는 거잖아요. 같은 맥락에서 저는 유화라는 게 굉장히 까다로우면서 동시에 매력 있다고 생각해요. 물감을 덧대서 바르고 나중에 굳어진 건데, 여전히 과정의 생생함을 간직하고 있잖아요. 어떻게 보면 마법 같은 일이죠."

확실히 그림은 몸으로 하는 일이다. 물감이라는 물성을 활용해서 육체의 감각을 캔버스로 옮기는 일. 작가의 이야기는 몸을 통해 '번역'되어, '생생하게 고정된' 이미지를 획득한다. 그것은 음악, 춤, 언어와는 다른 방식으로 세상을 향해 이야기를 건넨다. 그러고 보니 간혹 작가로서 전시에 참여하곤 했던 나 역시도 회화에 대한 순결주의랄까 다소 고전적인 인식을 갖고 있었던 것 같다. 같은 현대미술임에도 회화만큼은 어느 날 갑자기 저 멀리에서 내려온 영감으로 완성하는 장르라는 착각에 사로잡혀 있었달까.

"오히려 운동선수에 가까운 것 같아요. 매일매일 반복적으로 꾸준히 근력을 키우는 거죠. 그러다 주변의 어떤 순간들이 저에게 다가오면 훈련받은 대로, 계속 해왔던 대로, 그냥 내 몸을 움직여 표현하는 거예요."

그렇기 때문에 그림은 "정말로 인간적인, 인간만이 할 수 있는 몇 안 되는 일 중의 하나"라고. 그는 아이의 천진난만함과 무속인의 날선 촉, 운동선수의 근력 같은 것들을 거울삼아 세상을 바라보려 노력한다. 우리가 사는 이 세상이 어떻게 흘러가는지 보고, 듣고, 이야기 나누고, 사람들과 공감하려 노력한다. 가장 공을 들이는 노력을 꼽자면 "열심히 그리려고 한다"는 것. 그는 평범한 일꾼처럼 하루하루 건강하게 그리는 일을 반복하며 살고 싶다.

　　인터뷰가 끝나갈 무렵, 그는 선물하고 싶은 것이 있다며 작업실에서 잠시 기다려달라고 했다. 집에 다녀온 그는 예쁜 병에 담긴 피클을 건넸다. 주말에 동료 작가들과 함께 담근 것이라고 했다. 언젠가 나도 그의 SOS 요청을 받는 날이 오겠지. 그의 선물을 안고 돌아오는 길에 생각했다. 나의 답은 이미 정해져 있다.

인터뷰 및 정리 | 신이연

작가가 되고 싶은 이들에게 건네는
이제의 마음

1. 잘 그려야 한다는 부담에서 벗어나세요.

디테일 같은 기술은 나중에 필요한 시점에 연습하면 얼마든지 얻을 수 있어요. 그것보다는 스스로 무언가를 자연스럽게 표현하는 상태 자체를 받아들이는 연습이 먼저 필요해요. 이제 막 피아노를 배우는 사람이 처음 악보를 보고 치려면 당연히 경직되잖아요. 건반 몇 개로 우선 자기가 원하는 멜로디부터 쳐본다든지, 그런 거? 그런 게 훨씬 더 중요하죠. 정답은 없다는 걸 말씀드리고 싶어요. 어눌하면 어눌한 대로, 건조하면 건조한 대로 그리는 거죠. 노래를 기술적으로 잘하는 사람이 있긴 하지만, 반면에 본연의 목소리로 불러서 나오는 아름다움이 있잖아요.

2. 지치지 말고 계속 그리세요.

너무 당연한 말이지만, 진짜 어려운 일 같아요. 사회적 시선이나 개인적인 욕망 같은 것들을 포기하고 그림에 매진하라는 말을 하고 싶지는 않아요. 다만, 그런 것들을 의식하면서 동시에 오랜 기간 꾸준하게 그림을 그린다는 건 꿈이라고 할 만큼 어려운 일이에요. 어떨 땐 너무 멀리 바라보지 말고 지금을 충실하게 사는 게 무언가를 꾸준하게 하는 데 도움이 되기도 하는 것 같아요. 너무 상투적인 말인가요? 이런 게 말의 한계죠. 하지만 작업은 상투적인 게 아니니까, 한번 해보시면 알 거예요.

3. 사람이 중요해요.

마음이 맞는 동료들을 자주 만나세요. 만나서 작품 얘기만 하라는 건 아니고, 같이 운동을 하거나 책을 읽거나 요리를 해서 나눠 먹거나, 정기적으로 만나서 함께 무언가를 도모하는 것을 추천합니다. 작업은 워낙 에너지를 많이 쓰는 일인데다 철저히 혼자 하는 일이잖아요. 오랫동안 혼자 지내다 보면 규칙적인 생활도 어렵고 우울해지기 쉽죠. 다음주에 누구와 만나서 뭘 하기로 약속해놓으면 '그 전에 이 그림을 끝내야지' 하는 식으로 동기부여도 되고 좋아요. 아, 최근에 요가를 시작했어요. 함께 요가하실 분을 찾습니다!

이수성, 공간 디자이너의 마음

큰 키에 마른 체구, 덥수룩한 턱수염. 누가 봐도 '예술가형' 외모를 갖춘 그는 내가 사회에 나와 가장 처음 만난 작가다. 졸업 직후 한남동의 대안공간에서 일을 시작했을 때였다. 나는 갤러리 1층의 카페와 지하 전시공간을 관리하는 일을 했는데, 작업복 차림의 남자가 하루 종일 갤러리에 상주했다. 낮에는 지하 갤러리 벽에 새까만 구두약을 바르고, 손님이 빠진 오후에는 1층으로 올라와 카페 복판에 있는 녹슨 기둥의 표면을 사포로 갈아냈다. 저녁 내 기둥을 손질하고 나서는, 그 위에 투명 구두약을 발랐다. 이 과정을 며칠 동안 반복했다. 나중에 알고 보니 그는 다음달에 열릴 개인전 작품을 제작하던 중이었다. 전문용어로 일명 '빠우치기'. 몇 날 며칠 이어진 지난한 노동의 과정이 그의 작업의 주제이면서 동시에 작품이었던 것이다.

꽤 시간이 흐른 후 다시 만난 이수성은 여전했다. 단어를 골라가며 발음하는 신중한 말투, 중저음의 목소리, 연신 진지하게 이야기하다가도 순간순간 스치는 장난기 어린 눈빛 등…. 오랜만의 만남이 무색할 정도로 이야기는 막힘이 없었다. 그간 살아온 작가로서의 삶, 생계를 위해 해야만 했던 일들, 그리고 두 가지 삶 사이의 균형을 유지하는 나름의 방법에 관해 덤덤하게 들려주었다. 이수성에게 달라진 점이 있다면 두 살배기 사랑스런 딸이 생겼다는 것, 그리고 '공간 디자이너'라는 조금은 낯선 직함을 얻었다는 것이었다.

공간 디자이너의 마음

'만드는' 재미에 빠지다

이수성은 미술대학 입시학원에서 처음 그림을 접했다. 그게 초등학생 때다. 아들이 그림 그리는 것을 좋아하는 것 같아서 별생각 없이 보낸 집 근처 미술학원이 하필이면 대학 입시학원이었다. 부모님의 다소 '이상한 조기교육' 덕분에 그는 고등학생 누나 형들 옆에서 아그립파, 비너스, 줄리앙 같은 석고 데생을 따라 배웠다. 사춘기 때는 잠시 다른 꿈을 갖기도 했지만, 그림 그리는 것을 한결같이 좋아했고, 또 잘 그린다는 말을 제법 들어서 고등학생이 되어서는 다시 미술대학에 진학하기로 결심했다.

> "부모님이 냉난방기 자영업을 하셨어요. 아버지가 설치하고, 어머니는 회계를 보셨죠. 두 분 다 유독 손기술이 좋으셨어요. 제가 그 능력을 물려받은 것 같아요."

단지 그리는 것이 좋아서 서양화과에 입학했다. 그러나 대학에서 배우는 그림은 생각했던 것과는 거리가 멀었다. 한마디로 '그림이 어려웠다.' 기술적으로 잘 그리는 것만이 다가 아니었다. 작가가 전하고자 하는 이야기, 철학적 사유, 미술사적 개념, 개인의 주관적 통찰 등을 전부 고려해 한 작품 속에 녹여내야 했다. 게다가 이 모든 것을 한정된 재료와 화폭 안에서 표현해야 했다. 처음엔 교수님의 조언을 따라 열심히 그려봤다. 그러나 그리면 그릴수록 어려웠고, 어려우니까 재미가 없어졌다. 몸에 맞지 않는 옷이라고 생각되면 미련 없이 벗어버리는 성격이어서, 내 것이 아니라고 생각한 순간부터 더 이상 그리는 일에 마음 쓰지 않았다. 대신 '만드는 것'에 관심을 갖기 시작했다. 군복무를 마치고 복학한 후 그는 낡은 에어컨 네 대를 이어붙여 주상복합아파트 형태의 입체조형 작품을 완성했다. 그리지 않고 '만든' 첫 작품이었고, 이 작품을 서울디자인문화재단 전시에 선보이며 작가로서 발돋움을 시작했다.

전시장 아르바이트로 시작된 공간 디자이너

대학 시절 가장 많이 한 아르바이트는 전시장 벽에 작품을 거는 아르바이트였다. 친한 선배가 대안공간에서 근무했는데, 자주 놀러가다 보니 어느새 일을 돕고 있었다. 개인전의 경우 통상 작가 혼자서 전시 기획부터 작품 제작, 공간 배치, 설치까지 전담한다. 하지만 단체전은 기획자가 전시를 기획하고 주제에 맞는 작가들을 여러 명 섭외한다. 때문에 각각 다른 작가의 작품을 적절히 배치하고, 이를 전시의 맥락에 부합하도록 한 공간 안에 담아낼 기술인력이 필수적이다.

"제가 일을 시작했을 때만 해도 '공간 디자이너'라는 직업 내지 직함이 없었어요. 그땐 그냥 '전시 조성 공사'였어요. 전시에서 주로 기술적인 부분을 담당하니까 어떨 때는 그냥 '테크니션'이라 불리기도 했죠. 당시엔 작품 운송업체가 작가가 완성한 작품을 작업실에서 전시장으로 운송해와서 설치하는 업무까지 한꺼번에 진행했기 때문에 그랬던 것 같아요. 저도 학창시절에 운송업체에서 7, 8년 정도 쭉 일했어요. 작품을 가져와서 미술관 벽에 거는 일을 주로 했는데, 어떤 때는 작품을 걸기 위해서 가벽을 통째로 만들기도 했죠. 벽이 있어야 그림을 걸 수 있으니까요."

이름만 대면 알 만한 유명 갤러리가 아니라면, 대부분의 전시공간은 소규모 예산으로 운영된다. 젊은 작가와 기획자들이 의기투합해 조성한 신생 공간은 특히 더 그렇다. 국공립 재단이 주관하는 예술 지원 프로그램에 공모해서 1년치 예산을 미리 확보하거나, 그게 어려우면 운영단 내에서 십시일반 예산을 마련한다. 이렇게 각 공간마다 재정 여건과 공간 컨디션이 천차만별이기 때문에 모든 갤러리에 공간 디자이너, 테크니션이 상주하는 건 아니다. 오히려 미술관의 예산 규모나 작가군의 특성에 맞춰 그때그때 공간 디자인팀을 섭외하는 경우가 더 많다. 전시 일정, 콘셉트, 작가 리스트가 확정되고 나면 큐레이터가 공간 디자인 의뢰를 한다. 전시공간 디자인은 벽을 만들거나 도색을 하는 등의 물리적인 공간 조성에만 그치지 않고 작품과 전시의 맥락을 이해하는 미술적 감각이 필요한 일이라 전시공간 디자이너의 역할이 갈수록 중시되고 있다.

이수성의 손길을 필요로 하는 서울의 크고 작은 전시는 1년에 네다섯 건 남짓. 바쁜 와중에 작가로서 개인전도 열고 기획전시에도 참여한다. 하나의 전시를 기획하고 오픈하는 데 최소 석 달 이상 걸린다고 치면, 1년 내내 전시와 전시공간 디자인 작업에 매달려 사는 셈이다. 의뢰받은 일들을 혼자 해내기엔 작업량이 많아서, 최근에는 주변 동료들과 서로 품앗이를 하는 형태로 전시 디자인업을 꾸려가고 있다.

전시 디자인은 안 보일수록 빛이 난다

미술관, 갤러리의 공간은 크게 두 영역으로 나뉜다. 전시 기획과 아카이브 같은 행정 업무가 이루어지는 사무공간과 작품이 모이고 관객들이 관람할 수 있도록 대중에게 공개되는 전시공간. 공간 디자이너는 주로 후자를 관할하는 사람으로, 큐레이터의 기획을 거쳐 작가의 손을 떠나온 개별 작품들을 특정 공간 안에 배치하여 전시의 형태로 만드는 일을 한다. 회화, 영상, 입체구조물, 설치, 사운드, 아카이브, 퍼포먼스 등 현대미술에서 다루는 매체는 아주 다양하다. 공간 디자이너는 출품작의 매체와 특성을 파악한 후, 각 작품이 어디에 어떻게 놓이면 좋을지, 파티션은 몇 개가 필요한지 등을 큐레이터와 협의해 결정하고, 구체적인 공간의 모양과 색을 디자인한다.

공간 디자이너의 마음

©이수성

　　　　　　　　　　　　공간 디자이너의 마음

기획자를 통해 공간 구성에 대한 작가들의 의견도 중간중간 체크한다. 견적 산출, 제작팀 섭외, 자재 구입, 후가공 등의 업무도 모두 공간 디자이너의 몫이다. 한마디로, 전시가 제날짜에 열릴 수 있도록 현장의 모든 업무를 총괄하는 역할이다.

공간을 스케치할 때는 전시의 큰 주제와 각 파트별 작품의 세부 맥락을 고려한다. 예를 들어 남아메리카 현대미술의 역사적 흐름을 개괄적으로 소개하는 전시라면, 공간 안에서 과거, 현재, 미래를 구분하고 각 공간별로 컬러, 조명 구성 등 콘셉트를 잡아간다. 이 과정에서 큐레이터와 적극적인 의견 교환이 이루어진다.

"전시에 필요한 동선을 만들고, 전시에 필요한 물질적 요소들을 디자인하고, 균형을 맞춰서 하나의 전시로 만드는 역할을 전담해요. 그런데 공간을 구성하는 일에도 큐레이팅의 영역이 있어요. 참여 작가들 간의 작품 배치와 순서예요. 배치가 동선을 만들고, 동선은 작업을 보는 리듬을 만들어내니까요. 전시 전체의 맥락을 관객에게 효율적으로 전달하기 위해서는 작업을 보는 리듬이 중요한 역할을 해요. 그렇기 때문에 어떤 큐레이터들은 공간까지 적극적으로 구성해서 부탁하기도 해요. 저는 그 얘기를 듣고 어떻게 현실 공간에서 그것을 시각화할지를 고민하죠. 하지만 경우에 따라, 또 사람에 따라 다 달라요. '작품이 이런 내용이고, 형태가 이렇게 있으니까 알아서 해주세요' 하는 경우도 있어요. 그땐 배치부터 디자인, 설치까지 도맡아 하죠. 반대로 구현하고 싶은

게 명확하고 머리를 맞대가며 더 큰 걸 만들고 싶어하는 사람한 테는 제안을 많이 하며 도와주는 편이에요. 딱히 어느 쪽이 작업 하기 편하다고 말할 순 없는 것 같아요. 그것보다는 큐레이터랑 합이 잘 맞아서 결과물이 잘 나왔을 때, 그때가 좋아요. 힘들어도 재미있죠."

전시마다 공간의 규모, 예산, 다루는 주제가 천차만별이 라 디자인은 상황에 맞춰가며 진행한다. 개인 전시인 경우 작 가의 의견에 따르는 편이다. 이때는 적극적으로 제안하기보 다는 작품 설치를 도와주거나 공간 구성을 구현하는 데 초점 을 맞춘다. 외국 전시를 그대로 들여오는 경우도 마찬가지. 원 본 구현이 중요한 작업이어서 정해진 디자인, 색, 분위기를 원 본과 최대한 가깝게 재현하는 데 제일 많이 신경 쓴다.

"구성이 정해져 있는 전시의 경우 제가 뭘 했다고 말할 수 있는 게 별로 없어요. 작업이 잘 보이도록 하는 게 가장 중요한 임무 이기 때문에, 저의 역할은 대부분 벽으로 숨어들어요. 이런 경우 는 전시 오픈을 무사히 마치면 역할을 다했다고 생각하죠. 반면 에 자료 전시나 영상 전시, 아카이브 전시는 적극적으로 참여할 수밖에 없어요. 책만 갖다놓거나 영상만 틀어서는 전시장 내에서 흥미를 끌 수 없죠. 그래서 공간 디자인에 신경을 더 많이 쓰는 편이에요. 구조물도 더 적극적으로 만들어요. 제 손이 닿음으로 써 작업이 더 잘 보인다든가, 작업과 작업의 관계가 자연스러워

　　　　　　　　　　　　　　공간 디자이너의 마음

진다든가 할 때 보람을 느껴요. 물론 통장 잔고를 보면서도 보람을 느끼지만요. (웃음) 사실 저도 작업을 하는 사람이기 때문에 더 잘할 수 있는 부분이 있었다고 생각해요. 작업을 조금 더 돋보이게 할 수 있죠. 어떤 전시를 보면, 전시 디자인만 보이고 작업이 안 보이는 경우가 있는데요. 저는 전시 디자인은 전시 디자인이 보이는 게 아니라 작품이 잘 보일 때 제대로 작동한다고 생각해요. 작품을 잘 볼 수 있는 환경을 조성하고, 분위기를 조성해주는 게 가장 중요한 일이거든요. 그래서 가능하면 디자인도 뉴트럴하고, 잘 보이지 않고, 작품 뒤에 숨을 수 있도록 작업해요. 전시 디자인이 작품보다 눈에 띄는 건 코러스가 가수보다 화려하게 기교를 넣는 것과 같은 거죠. 늘 전시의 주인공은 작품과 기획이라고 생각해요."

손품, 발품, 몸품으로 전시 디자인을 배우다

다른 예술 분야와 마찬가지로, 미술계에서 이루어지는 장르 간 협업도 더 이상 놀랄 일이 아니다. 이런 시류를 타고 현대 미술에서는 그래픽 디자이너나 공간 디자이너 같은 디자이너가 전시에 개입하는 방식이 점점 더 다양해지는 추세다. 예전에는 전시를 보고 나오면서 작품에 대한 대화를 주로 나누었지만, 요즘은 "작품도 좋았지만 공간도 잘 나왔다" "누가 공간 디자인을 했는지 궁금하다"라는 얘기가 심심치 않게 나온다. 똑같은 물건도 어디에 놓느냐에 따라 집 안 분위기가 달라지듯이 작품 역시 그렇다. 공간과 위치, 조도의 강약에 따라 작품의 분위기도 변한다. 작품의 맥락을 잘 살리기 위해서는 공간 디자이너도 공부를 해야 한다. 하지만 아직까지 공간 디자인을 배울 수 있는 전문 교육기관은 많지 않은 편이다. 해외의 몇몇 학교에만 전시 디자인 전공이 개설되어 있을 뿐, 우리나라는 무대디자인학과에서 전시 디자인까지 함께 가르치고 있다.

"스케치업 같은 그래픽 시뮬레이터 프로그램을 처음부터 잘 다뤘던 건 아니에요. 그래서 이 일을 막 시작했을 때는 전시공간에 가서 먼저 실측을 하고, 공간 비율에 맞춰 시뮬레이션 작업을 했어요. 그땐 현장에서 돌아와서 펜으로 먼저 종이 위에 공간을 최대한 비슷하게 그려놓고 출품이 결정된 작품부터 실물과 똑같이 그렸죠. 여유가 있을 때는 액자 사이즈까지 실제 비율로 계산해서 모형을 만들고, 미니어처 구조물 벽에 사람의 실제 눈높이에 맞춰 걸어보기도 했어요. 지금은 그래픽 툴에 익숙해져서 모델링 작업 대부분을 시뮬레이터 프로그램을 이용해요. 하지만 수작업이든 그래픽 작업이든 모델링 과정을 최대한 꼼꼼하게 진행하려고 노력하는 편이에요. 전시장의 상황을 미리 그려보지 않으면 현장에 나갔을 때, 작품을 걸었다 내렸다 하면서 오히려 이동 시간이 더 많이 걸리거든요."

공간 디자이너의 마음

본문

이수성,

이수성도 처음부터 전문가는 아니었다. 디자인은 고사하고 조소과, 인테리어학과 같은 입체 관련 학과를 나온 것도 아니다. 그래서 경험 많은 선배들 어깨너머로 작업 순서와 방법을 하나하나 익혔다. 지금이야 작업에 필요한 공구와 재료 목록을 가나다순으로 줄줄 욀 수도 있지만, 익숙해지기까진 꽤 오랜 시간이 걸렸다.

"대학 4년 동안 그림은 몰라도 벽 만드는 것 하나는 확실히 배웠어요. 하얗게 칠해놓는 것까지. 졸업전시 때 벽을 만들어야 그림을 걸잖아요. 그걸 학생들이 다 해야 되거든요. 그렇게 얼떨결에 배운 걸 가지고 시작한 거죠. 처음엔 진짜 어설펐어요. 수도권의 비교적 큰 갤러리에서 첫 일이 들어와서 벽을 만들었는데 벽이 다 휘어 있는 거예요. 페인트를 다섯 번이나 칠해도 롤러 자국이 안 없어지고. 그때 저보다 경험 많은 사람들을 불러서 보수를 했죠. 조소과 나온 선배, 인테리어 회사 다니던 형, 죄다 불러서 이유가 뭔지 따져보고 어느 정도 수습을 했어요. 그때 생각하면 지금도 조금 아찔해요. 그런데 그런 경험이 쌓이면서 배우는 것 같아요. 같이 머리 맞대고 고민하면서 발전하는 거죠. 작업이 생각대로 딱딱 진행되면 좋겠지만, 현장 작업은 정말 변수가 많아요. 자재를 비오는 날 들이느냐, 마른날 들이느냐에 따라 상태가 다르고요."

변수에 따라 유동적으로 작업을 진행하는 것이 기본 원

공간 디자이너의 마음

칙이지만, 굽힐 수 없는 그만의 철칙이 있다. '안전 제일.' 작업에 욕심부리지 않기. 위험한 공구가 많은 현장에서는 무리한 일정으로 몰아붙이면 크게 다칠 수 있다. 전시 오픈 날짜가 정해지면 오픈일을 기준으로 역산해 마감기한을 정한다. 디자인 시안, 현장 작업, 작품 반입, 작품 설치 등 가급적 그 일정 안에서 작업이 마무리될 수 있도록 스케줄을 조율한다. 디자인도 마찬가지로 안전을 고려한다. 구조물의 형태를 날렵하게 만들거나, 약간 위태하게 설치하면 눈에 띄는 '예쁜 구조물'을 만들 수 있다. 긴장감이 살아 있는 외곽선이 생기기 때문이다. 그러나 안전과 디자인의 갈림길에 놓일 때면 이수성은 언제나 안전을 선택한다. 전시장은 불특정 다수가 모이는 공간이다. 과도하게 욕심을 부렸다간 예측하지 못한 사고가 일어날 수 있다. 벽이 기울거나 구조물이 무너지면 큰일이다. 누구도 다치지 않고 끝까지 안전하게 전시를 마치도록 일과 사람 사이를 잘 관리하는 것. 안전하고 즐겁게 일해야 좋은 전시가 완성된다는 믿음. 이것이 현장 경험을 통해 그가 얻은 노하우다.

디자인 능력보다 더 중요한 소통의 기술

하나의 결과물을 향해 다 같이 협업하여 나아가는 모든 일이 그렇듯, 전시 역시 지난한 공동작업의 결과물이다. 여러 인원이 한 가지 목표를 향해서 각자의 소임을 다 해냈을 때 가장 만족할 만한 성과를 얻을 수 있다. 특히 전시 현장은 모든 결과물이 모여 결과 발표만을 기다리는 곳이다. 아무리 공을 들였어도 제 일정에 작품이 걸리지 못하거나 전시가 제날짜에 열리지 못하면, 그동안의 수고가 수포로 돌아가기 때문에 모든 스태프들이 예민해진다. 전시 업무의 최전방이라 할 수 있는 설치 작업 현장에서, 공간 디자이너의 중요한 덕목이 발휘된다. 바로 중간자의 역할. 이수성은 밀려드는 현장 업무를 해결하면서 큐레이터, 작가, 전시장 관계자들의 크고 작은 수정 요구에 대처한다. 수정 요구를 너무 많이 들어주면 함께 작업하는 동료들의 노동량이 늘어나고, 아예 무시하다간 전시의 핵심인 작품의 의도를 자칫 놓칠 수 있다. 그 간극을 좁히는 일. 그는 이 일을 유연한 성품으로 커버한다. 여러 사람의 각기 다른 요구를 잘 경청해서 모두를 아우르는 합의점을 도출하려 애쓴다.

"전시는 저만의 것이 아니라고 생각해요. 제가 작가로 참여하건 디자이너로 작업하건 그 사실은 변하지 않아요. 어떤 전시도 처음부터 끝까지 혼자서 할 수 있는 건 없어요. 아무리 유능해도 한 사람의 능력만으론 해결되지 않는 부분이 있거든요. 예를 들어 작가가 아무리 훌륭한 작품을 완성한다 해도, 그것을 공개할 공간이 있어야 작품이 전시로 전환될 수 있죠. 그러기 위해선 공간을 소유한 사람, 혹은 공간을 담당하는 기획자와 지향점이 맞아야 하고요. 그게 맞으면 누군가는 작품을 옮겨서 설치하고, 설치가 끝나면 포스터를 만들고 홍보를 해야 하죠. 이 모든 과정에 여러 사람의 공이 들어가는 건 너무나 당연해요. 제가 하는 일도 그중 하나예요. 제가 중간에서 상황을 아우르는 건 저의 특별한 능력이라기보다 그냥 공간 디자이너의 아주 기본적이고 필수적인 조건인 것 같아요. 그렇게 해야 일이 돌아가니까요."

시립미술관처럼 규모가 큰 전시를 개최하는 미술관에서는 참여자들의 소모적인 의견 마찰을 막기 위해 아예 감리를 따로 두고 작업을 시작한다. 공간이 아주 크거나 참여 작품이 아주 많으면 전시 공사 규모도 그만큼 더 커지기 때문에 벽 조성 공사 같은 굵직한 시공은 미술관에서 직접 업체를 섭외해 작업을 진행하기도 한다. 이런 경우 이수성은 공간 디자인뿐만 아니라 현장 감리자 역할을 동시에 수행한다. 일종의 감독 역할이다. 직접 시공을 하기보단 디자인 가이드에 따라 계획대로 작업이 이루어지고 있는지 살피며 전반적인 작업 흐름을 책임진다. 처음 일하러 온 학생이 있으면 도와주고, 추가로 목공이 필요하면 목수를 섭외하고, 철조가 필요하면 전문 철공업자를 찾아 작업을 맡긴다. 도색 역시 마찬가지다. 공간 디자이너의 업무 영역이 아직 자리잡히지 않았던 시절에는 시공과 디자인 역할이 몽땅 그에게 주어질 때도 있었다. 그땐 작업량이 너무 많아서 전시 오픈 바로 전날까지 주구장창 밤늦도록 일하고 녹초가 돼서 정작 오프닝은 참석하지 못한 경우도 허다했는데, 감리를 맡게 되면서 훨씬 수월해졌다. 일의 체계도 잡히고 현장 밖에서 일의 큰 흐름을 살필 수 있게 됐다.

이수성은 한번 일한 기관과는 인연을 쭉 이어가는 편이다. 꾸준히 같이 일하는 기획자는 있어도 단 한 번만 일해본 기획자는 없다는 말이 따라다닐 정도로 일처리가 깔끔하기로 유명하다. 그 덕에 디자인 의뢰도 점점 많이 들어오고 있다. 홍보도 하지 않고, 그 흔한 웹사이트도 없지만 알음알음 연락을 해온다. 이쯤 되면 본격적으로 사업을 키우려 들 법도 한데 그는 "일에는 큰 야망이 없어서" 가급적 스스로 감당할 수 있는, 손에 잡히는 규모로 업을 유지하고 있다.

회사 이름을 '부업'으로 지은 이유

이수성이 대표로 있는 전시공간디자인 회사 이름은 'BUUP'이다. 기관과의 업무 계약을 위해 2013년에 개인사업자를 냈다. 그의 소개처럼 철자 그대로 '비유유피'로 읽을 수도 있지만, '부업'으로 읽히기도 한다. 생업을 위해 만든 업체의 이름이 부업인 건 어떤 의미일까.

"작업실에 출근해서 매일 작품 생각만 하는 작가는 별로 없잖아요. 저도 일을 하다가 이제 작업을 좀 해야겠다 마음먹고 딱 앉으

공간 디자이너의 마음

©이수성

공간 디자이너의 마음

면 예술에 대한 생각이 나는 게 아니라 어제 깔끔하게 마감한 벽 생각이 나는 거예요. 전시장 벽을 깔끔하게 마감해서 기분 좋았던 게 생각나고, 합판 여섯 장을 깔끔하게 잇대어서 한 장처럼 보이게 만든 것이 생각나는 거예요. 작업과 노동 사이의 스위치 전환이 빨리 되지 않는 상황에서 처음에는 둘을 구분하려고 노력을 많이 했어요. 공간 디자인은 일이고, 나의 작가로서의 정체성은 따로 있다, 뭐 이런 거죠. 그래서 회사 이름을 '부업'이라고 지었어요. 이걸 본업으로 삼지 않겠다는 의지 같은 거였죠."

'전업 작가'라는 말이 있다. 다른 일은 하지 않고 오직 작품 활동에만 전념하는 예술가를 일컫는 말이다. 어째서 '전업 직장인' '전업 사업가'라는 말은 없는데, '전업 작가'라는 말은 있을까. 그 말인즉, '전업 작가'가 아닌 그냥 '작가'도 있다는 것이고, 그 '작가'는 작품 외의 다른 일을 생계를 위한 '업'으로 병행하며 산다는 뜻을 담고 있다. 이수성 역시 예외는 아니다. '작업만 하는 작가'는 아니다. 작가와 공간 디자이너, 두 직업을 병행하고 있다. 둘 사이의 균형을 잡는 것이 쉬운 일은 아니었다. 그는 어느 평론가와의 연재 프로젝트에서 다음과 같은 기록을 남기기도 했다.

카페에서 그를 만났다. 기획자인 그는 나와 몇 번의 프로젝트를 진행했었고, 그중 몇 개는 어그러지기도 했지만 나는 그를 꽤 신뢰하였고, 그도 내 작업에 대한 관심을 지속적으로 주었다. 일년에 서너 번 갖는 그와의 짧은 만남은 간간이 이어지는 침묵과 함께 프로젝트에 대한 이야기에서 작업 이야기 혹은 근황에 대한 이야기로 이어졌다. 그날 나는 작업을 하는 것과 생활을 위한 노동을 하는 것의 균형을 잡는 것이 어렵다는 투정을 하였다. 그는 내가 그것들을 구분할 때 잃어버리는 에너지에 대해 걱정하였고, 조심스럽게 그 두 가지, 즉 생존을 위한 노동과 예술을 위한 노동을 합쳐보는 것이 어떻겠냐는 조언을 하였다. 그날 이후 줄곧 나는 그의 조언에 대해 고민했다.

—이수성, 「작업이라고 부르지 않는 것」에서

예술을 위한 노동과 생계를 위한 노동이 일치하지 않는다는 사실이 그를 서글프게 할 때도 있었다. 작품을 열심히 만들어 전시장에 내놓고 그 대가로 생계를 꾸려갈 수 있다면 좋겠지만, 미술계에서 그런 일은 흔치 않다. 젊은 작가들 대다수가 관람료를 받지 않고 개인전을 연다. 사비로 작품을 만들고 홍보도 직접 한다. 간혹 기관에서 주관하는 기획전시에 초대되더라도 작품 운송비 정도의 사례금이 제공되는 수준이다. 그럼에도 작가들은 작품을 선보일 기회가 많지 않기 때문에 크고 작은 전시 제안에 기꺼이 응한다. 몇몇 갤러리의 독점적인 유통과 기관 위주의 지원. 미술계의 구조 문제를 탓하자면 끝이 없지만, 언제까지 구조만 탓할 수는 없는 노릇이다. 이수성은 부러 자신의 전시 디자인 일을 "작업이라고 부르지 않"는 의지를 보임으로써, 일과 생계 사이를 나름 조화롭게 유지해가고 있다.

"공간 디자이너는 제 직업이에요. 작가는 직업이 아니잖아요. 작가로는 돈을 벌 수가 없으니까요. 전업 작가는 현실적으로 불가능하고요. 예전에는 그 둘 사이에서 고민이 많았는데, 요즘엔 많이 여유가 생겼어요. 조금 부끄러운 얘기지만 가족의 지지도 한몫하는 것 같아요. 제 와이프는 제가 나가서 돈 버는 일(공간 디자인)을 하는 것보다 작품활동하는 걸 더 좋아해요. 하고 싶은 작업 맘껏 하라고 말하는데. 그거는 그거고 이건 이거니까요. 작가로 불리든 공간 디자이너로 불리든 크게 상관하지 않는 편이에요. 그보다는 스스로 두 가지 일을 그때그때 잘 구분하는 것이 중요하다고 생각해요. 그래서 누가 어떻게 부르든, 저는 상대방이 부르는 직함에 맞추려고 해요."

결론은 '작업도 일도 성실하게 임하기'이다. 최근 서울의 대형 갤러리에서 신작을 선보인 그는, 이 전시 덕분에 처음으로 딸에게 자신의 작품을 보여주었다며 수줍게 웃는다. 요즘엔 작품 만드는 일이 다시 재밌어졌다고 한다. 바쁘게 일하면서 자연스럽게 작업에서 멀어진 것이 오히려 작품을 다시 만들고 싶게 한 동력이 된 것 같다고.

현재까지 확정된 그의 일정은 이렇다. 6월, 남산의 오래된 창고극장 한쪽에서 전시공간 디자인하기. 10월, 성수동 갤러리에서 작품 선보이기. 11월, 종로의 미술관에서 열리는 기획전 참여하기. 작가와 공간 디자이너, 둘 사이를 쉼없이 오가는 그에게 예술과 삶의 스위치 전환은 더 이상 버거운 에너지 소비로만 보이지 않았다.

마지막으로 앞으로의 계획을 물었다.

"별다른 건 없어요. 오늘은 쉬고, 내일부터 또 열심히 일하러, 열심히 살러 가야죠."

인터뷰 및 정리 | 신이연

공간 디자이너의 마음

공간 디자이너가 되고 싶은 이들에게 건네는
이수성의 마음

1. 디자이너와 협업자 간 원만한 관계 형성이 중요합니다.

모든 일이 그렇듯 협업자와의 의사소통 능력은 기본입니다. 디자인 작업을 하기에 앞서 함께하는 이들의 의견을 두루 경청하는 것부터 이 일의 시작이라고 생각해요. 전시는 결코 혼자서 만들 수가 없어요. 한 사람의 의견이 아무리 강하다고 해도 그가 일을 직접 다 할 수는 없으니까요. 특히 전시공간 디자인은 여러 분야의 사람들이 하나의 목적을 향해 각자에게 분배된 일을 해야만 한다는 것을 염두에 두어야 불필요하게 에너지를 낭비하지 않을 수 있어요. 의사소통이 한번 어그러지면 일을 복구하는 데 드는 시간과 비용 부담이 크니까요.

2. 작품과 작품 사이의 적절한 관계를 만들어주는 것도 중요합니다.

전시공간 디자인은 '미술관'이라는 건축물 안에 일시적으로 작은 건축물을 하나 더 디자인하는 일이라고 생각해요. 매 전시마다 전시의 내용과 성격에 맞게 새로운 공간과 동선을 만들어내는 것이죠. 과천 국립현대미술관이 건축설계 단계부터 백남준의 다다익선을 염두에 두고 나선형의 공간을 만든 것처럼요. 미술관에 초대된 작업들이 온전히 보일 수 있는 새로운 공간을 만드는 일이죠. 여기서 주의할 것은 작업과 작업 간의 관계를 조율하는 과정이에요. 서로에게 방해가 될 정도로 가깝지 않게, 그렇다고 완전히 동떨어져 보이지 않게 둘 사이의 거리를 조정하는 거죠. 물리적인 거리와 감각적인 거리를 포함해서요. 그리고 그것이 관객의 시야에서 어떻게 보이는지까지를 염두에 둬야 합니다. 무엇보다 아무것도 갖춰져 있지 않은 빈 상태에서 작품이 잘 보일 수 있는 환경을 조성하는 일이기 때문에 디자이너가 사전에 전시공간의 컨디션을 체크하는 것도 중요합니다. 물리적으로 무엇은 되고 안 되는지, 어떻게 하면 소리와 빛을 효과적으로 활용할 수 있을지 등을 주어진 공간에서 미리미리 세심하게 느껴야 하니까요. 공간을 파악하는 데는 직접 가서 실측하고, 스케치하고, 머릿속에서 공간의 구성을 이리저리 굴려보며 상상하는 습관을 들이는 것도 도움이 될 것 같아요.

3. 주어진 코러스 안에서 자신만의 리듬을 찾아보면 어떨까요?

전시공간 디자인의 성패는 '전시'라는 물리적이고 감각적인 공간 안에서 각각의 작품 특징을 얼마나 잘 보여줄 수 있는가에 달렸어요. 전시의 기획, 그리고 작품에 초점이 맞춰져야 하죠. 하지만 일을 하다 보면 내 안에 숨어 있던 작가로서의 자아, 디자이너로서의 자아가 불쑥 나올 수가 있어요. 전시 디사인에 나 자신을 드러내려는 욕망은 경계하는 것이 좋습니다. 화성을 넣는 코러스가 메인 보컬보다 더 큰 목소리로 테크니컬한 인정 투쟁을 하는 것과 다름없으니까요. 사실 디자이너가 가진 작가적 정체성은 어떤 때는 장점으로 작동하는 부분도 있긴 해요. 하지만 결국 좋은 전시를 구성원들과 함께 만드는 게 공간 디자인의 목표라고 생각합니다. '주어진 조건 안에서 처음부터 끝까지 좋은 리듬으로 내 역할을 한다'는 생각으로 차분하게 일을 진행하는 마음가짐이 중요할 것 같습니다.

강문식, 그래픽 디자이너의 마음

비가 추적추적 내린 여름날 오후, 우리는 을지로의 한 카페에서 그를 기다렸다. 보통은 일러준 주소로 우리가 알아서 찾아가지만, 건물 입구를 찾기 힘들 테니 직접 마중을 나온다고 했다. 10분쯤 기다리니 한눈에 봐도 멋스러운 비옷을 입은 그가 등장했다. 인사를 나눈 후 밖으로 나와 주말의 썰렁한 을지로 거리를 걸었다. 어느 허름한 건물 앞에 이르자, 그가 몸을 구부리더니 낮은 철제문을 열고 안으로 성큼 들어갔다. 6층까지 계단을 올라 문을 열자 '강문식'이라는 간판이 눈에 들어왔다.

그래픽 디자이너 강문식은 을지로에서 '강문식'이라는 이름의 작업실을 운영하고 있다. 개인의 취향과 애정이 느껴지는 그 공간에는 어느 작가에게 선물받았다는 도자 가면, 하나둘씩 사모은 예쁜 커피잔, 그리고 그가 만든 포스터와 소품들이 각각 가장 잘 어울리는 자리에 놓여 있었다.

그래픽 디자이너는 어떤 행사나 브랜드에 대한 설명을 시각 언어로 압축해 대중에게 전달하는 역할을 한다. 이미지는 장황한 설명글보다 즉각적으로 고객과 관객의 눈을 사로잡는다. 미술 전시에서도 마찬가지다. 그 때문에 어느 그래픽 디자이너와 함께 전시 작업을 만들어내는지가 전시의 좋고 나쁨을 가르는 척도가 되기도 한다. 그래픽 디자이너는 관객과 작가, 관객과 큐레이터, 혹은 관객과 미술관 사이의 매개자 역할을 한다. 최대한 쉽고 빠르게, 혹은 어렵지만 흥미롭게 글자와 이미지를 조합해 시각 언어로 정보를 전달하는 임무를 맡는다.

그래픽 디자이너 강문식과 브랜드 '강문식'

강문식은 최근 6년여의 유학 생활을 정리하고 서울 을지로에 둥지를 틀었다. 프리랜서 디자이너로 일하며 소규모 전시 포스터부터 대형 미술관의 심포지엄 소책자, 음악 앨범 커버까지 도맡아 디자인을 하고 있다. 미술, 음악, 출판, 패션의 경계를 넘나들며 전방위에서 자신만의 브랜드인 '강문식'을 차곡차곡 쌓아가고 있는 것이다.

강문식의 작업은 그의 홈페이지와 SNS를 통해 확인할 수 있다. 흰 바탕 위 검은 점들 사이를 바삐 기어다니는 개미 세 마리 중 어느 것을 클릭하느냐에 따라 '강문식'을 볼 수 있는 단계와 정도가 달라진다. 이런 그의 퀴즈를 잘 풀 수 있는 사람이라면 앞으로 그와 일할 때 아무 문제 없을 확률이 높다. 어느 개미를 누를까, 잠시 생각하다 개미 한 마리를 클릭해 그의 포트폴리오를 열었다. 비전공자이기에 콕 집어 말할 순 없지만, 은근히 스며드는 그만의 독특한 디자인'체'를 감상할 수 있었다. 한 지면에 두 가지 이상의 색을 넣지 않아 흑백의 작업물이 많고, 이런 단조로움을 상쇄하려는 듯이 다양한 서체를 자유자재로 섞은 브랜드 '강문식'이다.

"어릴 때부터 교과서보다 만화책을 좋아했어요. 특히 『20세기 소년』을 그린 우라사와 나오키의 시리즈를 좋아했죠. 현실적이면서도 그 안에 인물에 대한 다양한 이야기가 있잖아요. 저는 기본적으로 남의 창작물을 가만히 보고 있으면 금방 집중력이 흐트러져요. 그래서 애니메이션을 잘 못 봐요. 근데 책이나 만화는 제가 읽는 속도를 조절할 수 있잖아요. 전 만화책 한 권 보는 데 대강 한 시간 정도 걸려요. 남들은 십 분이면 충분하다던데, 저는 그림의 디테일이랑 서체까지 다 보거든요. 그리고 좀 평면적인 것, 형태적인 것을 좋아해요. 그래서 제가 디자인을 할 때도 색을 많이 안 써요. 대신 제가 잘하는 것에 더 많이 집중하려고 노력하는 편이에요. 이건 어릴 때부터 생각한 건 아니고, '내가 왜 이런 걸 좋아하지?'라고 꾸준히 질문해서 성인이 된 후에 결론을 내린 거예요."

중고등학교 시절 강문식은 그래픽 디자이너란 직업에 대해 잘 알지 못했다. 어려서부터 만화를 좋아했기에 막연히 미대를 생각하고 미대 입시를 준비하기 시작했다. 회화과가 아닌 디자인과를 가야겠다고 마음먹은 건, 디자인과가 그냥 어느 중간 지점쯤에 놓여 있다는 생각이 들었기 때문이다. 또 어릴 때부터 스케이트보드를 타며 스트리트 문화에 익숙해서인지 친구들과 함께 티셔츠나 책 만드는 일을 하고 싶었다. 오랜 시간 공을 들여 하나의 작품을 완성하는 그림과 달리 디자인을 하면 여러 상품을 대량복제할 수 있겠다 싶었다.

서울에서 유럽으로, 다시 미국으로

디자인 공부에 첫발을 내딛을 때까지만 해도 강문식은 미처 예상하지 못했다. 한국을 떠나 유럽과 북미 대륙을 오가며 긴 시간 걸쳐 학교를 다니게 되리라곤 말이다. 한국에서 강문식은 계원예술대학 출판디자인과에 입학했다. 그는 당시를 '정말 열심히 살았다'고 회상한다. 그 정도로 치열한 1년을 보냈다. 생각보다 만족스럽지 못한 커리큘럼이었지만 이왕 낸 등록금, 허송세월을 보내느니 할 수 있는 건 다 해보자 싶어 잠까지 줄여가며 열심히 살았다. 시간과 돈을 허투루 쓰는 것이 무엇보다 싫었다.

"한번은 성적장학금을 받은 적이 있는데, 그게 너무 무의미한 거예요. 점수만을 위해서 과제를 해야 했으니까요. 그때부터 저 스스로 활로를 찾기 시작했죠. 그래서 다른 미대생들이 관심을 두지 않는 굵직한 학교 사업들에 지원하기 시작했어요. 그 돈 받아서 잡지도 만들고 책도 만들고 그랬어요. 심지어 학교 홍보대사도 했어요. 돈을 준다니까, 되나 안 되나 한번 해볼까 하는 마음으로 지원했는데 됐어요. 막상 해보니 재밌더라고요. 그때 또 기억에 남는 일 중 하나가 졸업작품으로 팀원 2명과 함께 시각장애인에 대한 책을 출간한 거예요. 직접 맹학교에 찾아가 조사도 하고 미술수업에도 참여했어요. 힘들었지만 결과물도, 그 과정도 참 좋았죠."

알차게 첫 학년을 마치고 입대하기 전, 그는 아르바이트로 돈을 모아 유럽 여행을 떠났다. 예전부터 유학에 대해 막연한 환상을 갖고 있었던데다, 책에서만 봤던 교수를 직접 만나보고 싶어 디자인으로 유명한 스위스 바젤의 한 학교를 무작정 찾아갔다. 스마트폰도 없던 시절이라 교수실 문 앞을 서성거리며 교수가 나타나기를 기다렸다. 그때 옆사무실에서 한 사람이 나와 그를 불러앉히더니 이것저것 물으며 관심을 보였다. 알고 보니 그 교수의 제자 디자이너였다. 그렇게 강문식은 몇 날 며칠 그 사무실에 눌러앉아 여러 사람을 사귀게 되었고, 그때의 인연을 지금까지 이어가고 있다. 군대를 다녀온 후 그는 스위스의 그 학교에서 만난 사람들이 추천해준 네덜란드 암스테르담의 한 예술학교 디자인과로 유학을 떠났다.

"사실 네덜란드에서는 그래픽 디자인 일을 그만둘까도 생각했어요. 학교를 다니는 건 좋았어요. 문제는 그 이후였죠. 졸업하고 남들처럼 스튜디오를 오픈해서 디자인 일을 하거나 학교 강의를 하기는 싫었어요. 길이 좀 뻔해 보였거든요. 그래서 아예 새로운 일을 해보고 싶어서 열심히 생각을 해봤죠. 친구랑 같이 하몽 만드는 기술을 배워볼까 고민도 했지만, 결국 하진 않았어요. 이렇게 힘들게 디자인 배워서 한 번도 안 써먹고 다른 일을 하기엔 너무 아깝다는 생각이 들었거든요. 1년쯤 네덜란드에서 더 일하다가 한국에서 준비 과정을 거친 후 미국 디자인 석사 과정(MFA)에 지원했어요. 지금 하지 않으면 언젠가는 그때 왜 하지 않았을까

그래픽 디자이너의 마음

하는 후회가 따를 것 같더라고요."

그렇게 미국에서 또 한 번의 졸업을 하고 강문식은 뉴욕에 자리를 잡았다. 여전히 막연한 미래와 팍팍한 현재에 대한 고민이 따랐다. 뉴욕의 한 신문사와 갤러리에서 프리랜서 디자이너로 일했지만 워낙 물가가 비싸 생활이 녹록지 않았다. 뉴욕 도심에서 떨어진 브루클린의 작은 방 한 칸에 사는데도 월세가 100만원을 훌쩍 넘겼다. 숨만 쉬고 사는 것도 벅찬 환경이었다. 매달, 이번 집세는 해결했다는 안도 혹은 그렇지 못했을 때의 불안으로 조조한 일상을 이어갔다. 그러던 중 서울시립미술관으로부터 전시 그래픽 디자인 업무를 제안받았다. 전시 아이덴티티뿐만 아니라 카탈로그, 소책자, 전시장 사이니지(Signage)까지 디자인이 필요한 모든 요소를 담당하는 업무였다. 처음 의뢰받은 공공미술관 일이고, 든든한 예산과 한국으로의 출장 명목도 있으니 주저할 이유가 없었다.

"뉴욕에 있으면서는 서울의 작업 상황을 컨트롤하기 힘들어서 특히 초반에는 안전한 방향으로만 작업했어요. 인쇄물도 내가 아는 재료 위주로만 안전하게. 뭔가 새로운 걸 시도하기가 어려웠죠. 그러다가 서울에 와서 도록을 인쇄하려고 이런저런 재료를 구경하다 보니까 새로운 이야기가 나오고 새로운 아이디어가 생기더라고요. 그런 게 필요했어요. 일을 하려면 제대로 해야지 싶었어요. 뉴욕에서 원격으로, 뉴욕 생활 누릴 거 다 누리면서 일하

그래픽 디자이너의 마음

겠다는 건 어떻게 보면 욕심이잖아요. 제대로 해보고 싶어서 서울로 가자고 결정을 한 거죠. 한두 달 일하고 다시 뉴욕으로 돌아가려고 했는데 결국 이 일을 계기로 뉴욕 짐을 다 싸서 돌아왔어요. 제가 최선을 다해서 얻을 수 있는 기회가 한국에 더 많으니까요. 지금은 별로 욕심이 없어요. 서울이 좋아요. 아마 서울에서 지금 하고 있는 일 정도의 경력을 뉴욕에서 얻으려면 한참 나이가 든 후일 거예요. 그래서 저한테는 당장 내 일을 잘할 수 있는 서울의 환경이 좋은 거죠. 그리고 또 하나, 미국에 있으면 아무래도 자본주의 시스템의 영향이 큰 탓에 괜히 '디자인을 좀 더 커머셜하게 해볼까?' 하는 마음이 어쩔 수 없이 자꾸 들어요. 결국 서울로 돌아온 가장 큰 이유는, 성공만을 향해 달리는 마음을 갖는 게 저한테는 억지이기 때문이에요. 그냥 내가 좋아하고 나를 필요로 하는 사람들이랑 같이 일을 하고 싶어요. 요새는 그게 다예요."

전시 그래픽 디자인을 할 때 가장 중시하는 것

전시 참여를 결정짓고 나면, 강문식은 가장 먼저 고객인 큐레이터와 대화를 나누는 것으로 업무의 시동을 건다. 상대방이 무엇을 원하는지 애초에 분명하게 파악해두어야 나중에 결과물을 놓고서 갈등이 덜하다. 일을 의뢰하면서 큐레이터가 보내온 관련 정보는 사전에 정확히 숙지한다. 그러고 나서 어떤 작가의 어떤 작품이 어떤 전시장에 배치되는지 큐레이터, 공간 디자이너와 함께 재차 확인하고, 전시장 사이니지 크기와 테마색 등의 디테일을 꼼꼼히 살핀다. 제반 사항을 하나하나 짚으며 이야기를 나누고 나면 강문식의 머릿속은 한없이 분주해지기 시작한다. 산발적으로 떠오르는 아이디어들을 하나둘씩 이어보고 해체하고 다시 조립해본 뒤 드디어 컴퓨터 앞에 앉아 마우스 커서를 움직인다.

강문식이 참여했던 서울시립미술관의 〈불협화음의 기술: 다름과 함께 하기〉(2017)는 영국문화원의 현대미술 소장품 중 26점을 선별해 소개하는 전시였다. 80년대 이후 다양한 이슈로 발화한 영국 사회의 불협화음에 자신만의 언어와 시각으로 접근하는 동시대 작가 16명의 작품으로 구성된 전시였다. 이 전시를 준비하던 때엔 광화문의 촛불집회 열기가 한국 사회에 뜨겁게 잔존해 있었다. 강문식은 큐레이터와 함께 다양한 레퍼런스를 주고받으며 시위현장에서 볼 법한 배너와 피켓이 연상되는 디자인으로 윤곽을 잡아나갔다.

"그렇게 완성한 두 번째 포스터 시안을 큐레이터가 관장님께 들고 갔을 때는 그닥 칭찬받지 못했어요. 그분이 보기엔 '디자인'이 하나도 없는 상태라고 느꼈던 거죠. 근데 저는 솔직히 굉장히 많은 요소들을 집어넣은 거였어요. 예를 들어 불협화음의 영문서체는 북한 서체를 사용했고 나머지 글자들은 남한에서 만든 서체들을 썼어요. 그리고 사이사이의 여백은 시위에서 보여지는 일종의 아이덴티티라고 생각했고요. 눈에 띄는 색을 사용하는 것보다 이렇게 실제 현장의 느낌을 종이 위의 '여백'으로 연출하고자 했죠. 불협화음이 이 포스터 한 장에 다 들어 있도록 말이죠. 하지만 방향을 수정해야 했고, 다시 큐레이터와 대화를 나누기 시작했죠. 이 전시의 큐레이터와 특히 잘 맞았던 게, 좋으면 뭐가 좋다 싫으면 뭐가 싫다는 이유를 매우 논리적으로 설명해줘요. 제 입장에서는 무엇을 어떻게 개선하면 좋을지가 명확해지는 거죠. 그렇게 조금씩 의견을 맞춰가면서 디자인을 손봤어요. 처음으로 공기관의 대형 전시를 맡아 예상을 뛰어넘는 많은 양의 일에 허덕이면서도 마지막에는 모두가 만족할 만한 결과물이 나왔어요. 다행이면서도 참 뿌듯했죠. 덕분에 많이 배웠어요."

당시, 강문식은 하루가 멀다 하고 미술관을 찾았다. 설치 공사가 한창인 전시장 곳곳을 둘러보며 일하는 사람들의 의견을 듣고 현장의 온도를 몸으로 익혔다. 미술관에 가지 않는 날에는 을지로의 인쇄골목을 찾았다. 인쇄소를 방문해 재료를 두 눈으로 직접 보고 두 손으로 만지며 작업을 진행해 나갔다. 약 한 달여 기간 동안 거의 이 일에만 매달려 총 여섯 가지 네온 컬러로 구성된 포스터, 아코디언처럼 펼쳐지는 형광노랑 리플릿, 수영복에 쓰일 법한 비닐 재질의 도록 커버와 형광주황 속지, 초록색 엽서초대장과 불투명지 봉투, 그리고 미술관 밖에 걸 깃발 배너와 대형 현수막까지 전부 완성해냈다. 이 전시에 쓰인 그래픽 디자인이란 디자인은 그의 손길이 닿지 않은 게 없을 정도로 많은 양을 소화하며 강문식은 무사히 전시 오프닝을 치렀다.

디자인 작업은 의뢰인과 디자이너의 신뢰가 바탕

그래픽 디자인은 결코 혼자서 결과물을 내는 작업이 아니다. 가장 일차적으로는 예산을 가지고 디자인 일을 의뢰하는 고객이 존재한다. 강문식이 유독 미술 쪽 일을 많이 맡는 건, 미술 업계의 고객과 가장 말이 잘 통하기 때문이다. 애초에 인쇄물에 민감하고 취향이 분명한 사람들이 주로 강문식을 찾기도 한다. 그는 국내외의 전시를 수시로 보러 다니며 '보는 일'의 내공을 단단히 쌓은 미술인 특유의 감각을 특히 신뢰한다.

> "미술 감각이라는 건 많이 본 경험에서 우러나오는 거라고 생각해요. 저는 그 감각을 매우 존중해요. '이것보다 저게 더 제 마음에 드는 것 같아요'라는 두루뭉술한 이야기를 해도 그 문장 속에 여러 레이어가 담겨 있다는 걸 아니까 거기다 대고 '제가 무조건 맞습니다' 할 수가 없는 거죠. 그런 감각이 있는 사람들이랑 계속 같이 일할 수 있는 게 행운이라고 생각해요."

하지만 안타깝게도 그에게 일을 의뢰하는 고객 모두와 이런 신뢰관계를 쌓을 수 있는 건 아니다. 말도 안 되는 요구를 들이밀며 그래픽 디자이너를 한낱 기능인으로만 취급하는

강문식,

그래픽 디자이너의 마음

경우도 있다. 여기 글자체가 좀 바뀌었으면 좋겠고, 이 도형이 저기로 갔으면 좋겠고, 색이 조금 더 혹은 덜 쓰였으면 좋겠고 등 별의별 지적을 여과 없이 하는 고객도 있다. 이런 피드백이 단순히 고객 개인의 취향인지 혹은 가독성 같은 실용적인 부분에 대한 이해의 차이인지는 분명치 않다. 또 고객이 어디까지 의견을 개진할 수 있는지, 디자이너는 어느 선까지 수용해야 하는지도 명확하지 않다. 디자이너들은 대개 이런 어려운 고객에 대비해 시안을 여러 개 만들어 보여주되 본인이 가장 선호하는 디자인에 힘을 실어 앞번호로 전달을 한다. 혹은 하나의 안을 제시하고 거기서부터 다시 고객과 대화해 의견을 좁혀가기도 한다. 이런 지난한 소통의 과정에서 그래픽 디자이너는 본인과 고객 모두 만족할 수 있는 결과물을 얻기 위해, 강문식의 말처럼 '최선을 다한다'.

"막말로 누군가 '여기 선 좀 넣어주면 안 돼요?'라고 할 때는 나에 대한 존중이 하나도 없다고 느끼죠. 점 하나도 허투루 들어간 게 없는데 그 문맥에 대해 이해하려는 의지가 전혀 없으니까요. 처음에는 진짜 당황했어요. 이런 사람들을 보면 그냥 대충 해야겠다는 마음이 생기다가도 결국에는 열심히 하게 돼요. 어쨌든 내 이름 석 자가 들어가니까 대충 하면 나만 손해죠. 누가 그 긴 과정을 알겠어요. 결국 디자인은 결과가 이야기하는 건데 하면서, 그때부터 더 열심히 고민하기 시작해요. 이걸 어떻게 해결할 수 있을까, 이 사람의 업무적 성취와 내 미적 만족을 어떻게 함께 채울 수 있을까를 고민하는 거죠. 이런 상황들이 닥칠 때마다 매번 스트레스를 받지만 또 거기서 해결책을 찾는 기술도 동시에 늘었어요. 저는 이제 시작하는 단계고 대부분 처음 겪어보는 일인데 오래 활동한 분들은 그런 일들이 얼마나 많았겠어요. 다른 의견을 지닌 누군가를 설득하는 게 때론 고통스러울 때도 있어요. 하지만 전문가로서의 내 의견을 포기하는 것이 아니라 그 불편한 상황 속에서도 흥미로운 부분을 찾고, 그걸 작업 속에 녹여서 발전시키려고 해요. 모든 걸 재료로 활용하는 거죠."

강문식은 그래픽 디자이너로서 고수하는 그만의 원칙이 하나 있다. 재미있는 글자나 특이한 디자인 형태로만 주목을 끄는 접근은 최대한 피하는 것. 그는 가장 처음 본능적으로 떠오른 아이디어에서 한 번 더 깊게 파고들어 고민한다. 그때가 가장 힘들다. 레이어가 한 겹 더 쌓인 결과물로 고객을 설득할 수 있어야 하기 때문이다. 광고처럼 단시간에 누군가의 소비를 끌어내야 하는 상업성이 짙은 일보다는 미술 혹은 음악인들과 함께 이야기를 나누면서 협업하는 것을 선호하는 주된 이유이기도 하다. 비록 시간이 오래 걸리긴 하지만.

"전 저의 개인 작업에 대한 창작 욕구와 그래픽 디자이너로서의 업무를 분리하지 않아요. 어떤 작업이든 제대로 욕심을 쏟아요. 그 둘의 싱크를 하나로 맞췄어요. 그게 상업적이든 비상업적이든 욕구든 만족이든, 어차피 하는 일인데 최선을 다하면 좋잖아요.

　　　　　　　　　　　　　　　　그래픽 디자이너의 마음

그러다 보면 다른 일도 생길 수 있고요. 예전에 힙합 음악하는 분과 작업한 적이 있어요. 적은 예산으로 진행된 거라 이익은 얼마 없었지만 덕분에 음악업계와 에이전시 사람들이 다 저를 알게 됐어요. 우리가 재미있게 이것저것 시도하는 걸 보고, 대기업 같은 곳에서 연락이 오기도 하더라고요. 내가 원하는 걸 하면서도 돈을 벌 수 있는 거잖아요. 기회가 있으면 뭐든 하지만 억지로 하진 않으려고 해요. 욕심은 안 내려고요. 욕심을 내면 내가 원래 하던 모든 것을 잃게 되니까요. 그렇게 일과 일의 구분을 많이 안 지으려고 노력하고 있어요."

수집과 기록의 습관

오래전, 디자인 업계에 있는 친구로부터 블로그 '앙'에 대해 우연히 들은 적이 있다. 그래픽 디자인을 하는 사람인데 웃긴 일상 기록들을 올려 심심할 때 보기 좋다며 추천을 해주었다. 그 블로그의 주인이 바로 강문식이라는 사실은 최근에야 그때 그 친구를 통해 알게 되었다. 인터뷰를 준비하면서 자료 조사차 그의 블로그에 들어가 보았다. 지금의 인스타그램이나 페이스북에서는 쉬이 접하기 힘든 정성 어린 글과 사진이 한가득이었다. 웹툰을 보는 기분으로 포스트를 읽어내려가기 시작해 무려 264페이지를 지난 후에야 2009년의 첫 기록물을 찾을 수 있었다. 자칫 '흑역사'로 여겨질 수도 있는 10

년 동안의 기록을 그대로 공개해둔 그의 저의가 무척 궁금하면서도, 어마어마한 게시글의 양을 보면서 대단히 성실한 사람이라는 생각을 했다. 현재 강문식은 인스타그램을 통해 기록의 습관을 이어가고 있다. 블로그 운영 때와는 달리 일상을 기록한 사진과 본인의 작업물을 인물의 태그만 걸어 담백하게 올린다. 분명 인스타그램만의 유용함이 있긴 하지만 오랜 시간 공을 들인 블로그에서의 강문식이 어쩐지 더 친근하게 여겨졌다.

"유학할 땐 되게 외롭잖아요. 그래서 그때 블로그를 열심히 했어요. 워낙에도 저는 처음 본 것들에 대한 느낌을 기록으로 남겨두는 편이에요. 사진도 '나 진짜 맛있는 거 먹었어' 이런 게 아니라 '이거 진짜 웃기다, 신기하다, 재밌다' 이런 걸 찍어요. 이거 좀 특이하다, 기록해두자 하는 느낌? 일상을 기록하는 블로그를 하면서 내가 모르던 내 모습을 더 잘 볼 수 있게 되고, 다양한 사람을 많이 알게 됐어요. 몇몇과는 친해지기도 했죠. '아 진짜 멋있습니다', 이런 댓글을 달면서 교류하는 거죠. 저한테는 이렇게 기록하는 게 되게 자연스러운 일이에요. 뭔가를 포착해서 흔적을 남기는 것이 어릴 적부터 습관이었기 때문이죠. 그래서 블로그도, 인스타그램도 시작한 건데 디자이너로 활동하려면 SNS를 반드시해야 한다고 생각하는 분들이 있어요. 그런 경우에는 억지로 시작한 거라 유지가 힘들 수도 있다고 봐요. 저는 저 스스로 할 수 있으면 하고 아니면 안 해요. 안 그러면 어색한 게 티가 나거든

　　　　　　　　　　　　　　그래픽 디자이너의 마음

강문식,

그래픽 디자이너의 마음

요. 그래서 스스로 내켜서 하는 게 아니면 잘 안 해요. 그래야 남들이 보기에도 좋고, 일단 제가 마음이 편하죠."

기록의 습관은 군대에서 다져졌다 해도 과언이 아니다. 포병으로 복무하는 2년간 줄곧 그는 스스로가 썩고 있다는 느낌을 지울 수가 없었다. 어떻게든 그 생각에서 벗어나고 싶었다. 밤 10시에 자고 아침 6시에 일어나야 하는 군 규정에 따라, 남들이 다 잠든 때 화장실에서 몰래 책을 읽고 일기를 썼다. 괴로운 마음을 잊으려고 그 시간에 집착했다. 보초를 설 때는 몽당연필과 종이를 손에서 놓지 않았다. 뭐라도 남기자는 마음에 신경을 곤두세워 더 민감하게 자연에 반응했다. 바람, 벌레 소리, 달빛까지도. 훈련에 나갈 때도 '내가 이런 걸 언제 겪어보겠어' 하는 마음으로 글을 써내려갔다. 그렇게 쌓인 일기가 자그마치 열 권이 넘는다. 강문식은 제대 후 한 미술공간에서 주관한 단체전에 이때의 기록으로 참여하기도 했다.

관찰자의 시선으로
평범함 안에서 평범하지 않은 것 포착하기

유독 크고 매서운 눈을 가진 강문식. 그래서인지 '또랑거린다'는 표현이 그와 무척 잘 어울린다. 그래픽 디자이너는 세상에 떠다니는 수많은 메시지를 지면에 담아내는 일을 한다.

강문식은 그 또랑한 눈으로 주변의 모든 것에 대한 관찰을 한 시도 멈추지 않는다. 초단위로 변화하는 대도시에서의 삶과 해외에서 쌓은 폭넓은 경험이 그를 민감한 관찰자로 단련시켰다. 결코 뒤서지도 앞서지도 않으며 세상의 트렌드와 적당히 관계를 맺고서 세련된 시각 언어로 우리에게 부지런히 말을 거는 강문식. "잘하잖아요. 그냥 믿고 맡겨요"라는 한 큐레이터의 말은, 끊임없이 세상과 소통하고자 하는 그의 부단한 노력으로 이룬 결실이다.

"저는 특이한 것을 좋아하는 게 아니라 평범함 안에서 재밌는 걸 찾아요. 한국이 답답하다고 느낀 때도 있었어요. 한국엔 다양성이 없다고 생각했죠. 문화적으로도 그렇고, 인종도 그렇고요. 그런데 어느 날 보니 아니더라고요. 버스를 타러 터미널에 가보면 사람이 엄청 많잖아요. 가만히 앉아서 보고 있다가 문득 사람들이 입고 있는 검정 옷에 실은 엄청난 깊이가 있다는 걸 깨달았어요. 티브이를 볼 때도 그런 관점으로 봐요. 무슨 프로그램이건 그 나라의 문화가 다 녹아 있어요. 그런 사소한 걸 캐치해서 사회학적으로 연관시켜 읽어보는 게 재밌어요. 작업할 때도 그런 관점에서 상대방에 대해 생각하고 접근해요. 어쨌든 뻔한 것보다는 재밌게 하고 싶으니까."

인터뷰 및 정리 | 용선미

그래픽 디자이너의 마음

그래픽 디자이너가 되고 싶은 이들에게 건네는
강문식의 마음

1. 체력을 키우세요.

그래픽 디자이너는 오랜 시간 앉아서 모니터를 뚫어져라 바라봐야 하는 직업이에요. 바르지 않은 자세로 오래 앉아 있다 보면 온 몸이 쑤시기 마련이죠. 손목도 그렇고요. 그래서 작업실에서 가까운 헬스장에 등록했어요. 아주 잠깐이라도 매일 꾸준히 가려고 노력해요. 가끔 밤샘 작업을 할 때는 샤워실로도 이용할 수 있어 일석이조예요.

2. 세상을 항상 낯설게 바라보세요.

반드시 해외로 유학을 떠날 필요는 없어요. 분명 얻는 것이 많지만, 반면에 값비싼 학비나 생활비에 치여 긴 시간 사서 고생하는 것을 감안해야 하거든요. 대신 전 해외든 국내든 여행을 자주 가라고 말하고 싶어요. 특히 시각미술 분야와 협업하는 것을 목표로 한다면 해외 전시 일정에 맞춰 여행계획 짜는 것을 추천합니다. 여행지에서 새로운 것을 보는 것도 중요하지만 다녀온 후 복귀한 일상에서 줄곧 익숙하게 보아넘긴 것들이 낯설게 느껴질 때가 참 재밌거든요. 그럴 때 드는 이런저런 '잡생각'들이 작업할 때 매우 유용합니다.

3. 상대방이 무엇을 원하는지 파악하기 위해 노력하세요.

그래픽 디자이너는 늘 고객의 니즈에 맞춘 작업을 해야 해요. 그게 숙명입니다. 그래서 상대가 무엇을 원하는지, 그리고 내가 어떤 것을 제공해줄 수 있는지에 대해 처음부터 서로가 정확하게 파악하는 게 필수죠. 이를 위한 대화를 나누지 않는다면 어느 순간 오해가 발생해 그로 인한 고통에 빠지기

십상입니다. 고객인 상대방과 디자이너인 나 모두가 만족할 만한 성과물을 얻기 위한 대화를 멈추지 않고, 또 서로를 설득하는 과정에서 지치지 말아야 합니다. 질문이 있으면 꼭 물어서 해결을 하고요. 그렇게 상대가 무엇을 원하는지 잘 파악하는 게 무엇보다 중요합니다.

이한범, 미술 편집자의 마음

품의 제목으로 눈을 돌린다. 작품의 제목과 작품 사이의 거리를 좁혀가며 나름의 해석을 해본다. 그래도 아리송하다면 벽에 붙은 월텍스트(짧은 작품 설명글이나 전시 서문)를 읽는다. 여전히 이해가 되지 않는다면, 전시 가이드북이나 전시 도록처럼 길고 자세한 해설이 담긴 글을 찾아 읽어본다. 그러니까 작품 이미지와 설명 텍스트 사이를 오가며 내 생각과 예술가의 의도가 어느 정도 맞아떨어지는지 가늠해보는 것이다. 어떤 때는 내 생각과 작가의 의도가 일치할 때도 있고, 또 어떤 때는 전혀 그렇지 않을 때도 있다. 작품을 보는 즐거움은 어느 쪽이 더 크다고 할 수는 없다. 작품을 이해하고자 하는 능동적 과정 속에서 나름의 방식으로 재미를 찾아가는 것이다. 돌이켜보면 '작품 보기'와 '작품 감상' 간의 시차 때문에 미술이 다른 예술보다 진입장벽이 높다는, 일종의 고급 취미라는, '그들만의 리그'라는, 오해 아닌 오해를 사는 것도 같다. 음악이나 연극처럼 보는 즉각 감정이 전달되는 것이 아니기 때문이다. 그러니 작품 해석의 단서가 적어도 너무 적은 '무제'라는 제목 앞에선 당황할 수밖에. 사정이 이러하다 보니 현대미술에서 글과 출판물은 작품에 대한 관객의 이해를 돕는 중요한 역할을 하고 있다. 미술출판 편집자 이한범의 역할도 여기서부터 시작된다.

끝날 때까지 끝난 게 아닌 일

〈픽션-툴: 아티스트 퍼블리싱과 능동적 아카이브〉(인사미술공간, 2018)는 1990년대 이후 한국에서 발행된 예술가들의 출판물을 수집해 보여준 전시다. '작품' 대신 '출판'을 주인공으로 삼은 덕분에 관람객들은 마치 도서관 이용객이 된 듯 전시장의 작품들을 '열람'할 수 있었다. 2018년 봄, 서울의 한 미술 공간에서 열린 이 전시는 책이라면 언제 읽을진 몰라도 일단 갖고 봐야 직성이 풀리는 나 같은 사람들, 이른바 책 덕후들의 취향을 제대로 저격했다. 그동안 쉽게 볼 수 없었던 희귀 출판물 목록을 정신없이 구경하다가 전시 소개글과 마주하게 됐다.

기획자 이한범. 출판물을 작품의 형식으로 연장시키고, 그 속에서 동시대 미술의 키워드를 읽어내려는 그의 성실하고 집요한 시도는, 미술에 대한 진지한 태도와 남다른 통찰을 전시라는 매개로 몸소 반증하고 있었다. 미술비평가, 모더레이터(좌담 진행자), 예술잡지 편집자이자 출판사 직원, 그리고 전시기획자.

최근 미술계 곳곳에 종횡무진 이름을 날리기 시작한 그가 어떤 사람인지 궁금했다. 그가 쓴 전시 서문과 몇 편의 글들을 읽고 나니 예술과 출판, 그리고 편집자의 역할에 관한 그의 생각이 더 듣고 싶어졌다.

"지금은 전시를 한차례 마치고 잠시 쉬고 있어요. 사실 해야 할 일들이 밀려 있기는 한데 회복기가 필요하달까요. 보통 전시 하나를 열기 위해서 굉장한 에너지를 쏟아요. 공간 구성부터 시작해서 작가 섭외하고, 오픈 일정 맞추고, 오픈 이후의 홍보까지…. 막상 전시가 끝나고 철수하면 공간이 싹 비워지잖아요. 저로서는 전시가 끝나서 아쉽다는 감상보다는 전시에 관한 기록을 만드는 일에 대한 부담이 더 크게 남는 것 같아요. 끝난 게 끝나지 않은 느낌이죠. 잠시 쉬었다 시작하지 않으면 좋은 결과물을 얻지 못할 것 같아 지금은 일단 손놓고 있어요. 거리를 두고 전시를 되돌아볼 수 있을 때까지 기다려보는 중입니다."

모든 전시장마다 도록이 비치되어 있는 것은 아니다. 전시의 특성에 따라서, 그리고 기획자나 작가의 의도에 맞춰 선도록 혹은 후도록이 결정된다. 선도록은 말 그대로 먼저 도록이 나오는 경우. 이 경우 전시가 열림과 동시에 책이 발간되므로 전시 준비와 병행해서 제작에 들어간다. 후도록은 전시가 열리고 나서, 혹은 전시가 모두 끝난 뒤에 발간된다. 이한범은 이번 전시에서 출판의 형식을 종이책만이 아닌 온라인 매체(홈페이지 형식의 웹 출판)로 가져오는 실험까지 병행했다. 후도록 제작과 동시에 홈페이지 사후 관리까지, 전시가 끝난 후에도 많은 과제들이 남겨진 셈이다. 어떤 사안이건 매사에 진중하고 성실하게 임하는 그는 이 일을 대충 마무리하고 싶지 않다. 비록 전시는 막을 내렸지만 이 전시를 시작으로 출판이라는 행위가 품고 있는 예술적 함의를 다양한 시각예술 매체를 통해 제안하고 싶다. 앞으로 정리할 보고서 형식의 전시 자료집이 그 시발점이 되기를 바란다. 그러지 못하면, 성의를 다해 만들었는데 매년 발표되고 사라지는 여느 전시들 중 하나로 남아 허망하고 씁쓸할 것 같다. 그래서 되도록 아침 일찍 일어나 요가를 하고 평소 읽고 싶었던 책들을 보면서 몸과 마음을 다잡으려 노력한다. 잠시 숨을 돌리고 남은 일에 다시 몰입할 수 있도록 비워내는 이 시간이 무척 소중하다.

긴 방황 끝에 다다른 곳

이한범은 미술이론을 전공했지만, 흔히 말하는 '미술 씬'에 진입할 생각은 없었다. 대학 졸업 후 유학 가서 박사학위 받고 학자로 사는 것이 당연한 진로라고 여겼을 정도로 어릴 적부터 '학문'에 뜻이 깊었다. 하지만 그가 갈망했던 학업의 목적지는 미술이론으로 향해 있지 않았다. 어떤 분야의 공부가 그토록 그의 마음을 사로잡았는지 묻고 답하다가 자연스럽게 그의 인생 연대기로 흘러갔다.

이한범은 울산 시골의 분교에서 초등학생 시절을 보냈다. 한 반에 열 명 남짓한 아이들이 입학부터 졸업까지 같이 할 정도로 작은 학교였다. 그 시절이 이한범에게는 가장 행복했던 기억으로 남아 있다. 그러나 '어마어마하게 큰 대도시'

인 부산의 중학교로 진학하게 되면서 그의 내면에 조금씩 균열이 일기 시작했다.

"이 세계는 왜 이런가, 그런 근본적인 충격이 오더라고요. 저한테는 도시의 삶이 너무 낯설었어요. 그 경험이 되게 강렬했던 거 같아요. 공부를 이렇게까지 강도 높게 해야 하는지도 이해가 안 되고, 시험을 쳐서 등수가 나오는 것도 이해가 안 되고. 그러면서 반항심이 더 커졌던 거 같아요. 고등학교 입학하고 어머니께 자퇴하고 싶다 말씀드리니까, 다른 말씀 없이 딱 한 학기만 더 다녀보라고 하시더라고요. 그래, 그럼 한 학기만 버티자 하고 공부를 시작했는데, 이상하게 공부가 재밌는 거예요. (웃음) 고등학교에서 정말 좋은 선생님들을 만난 게 전환점이 되었던 것 같아요. 저도 전혀 예상하지 못했던 일이 일어난 거죠."

정치수업 첫 시간, 각자 NGO에 하나씩 가입하고 그곳이 어떤 단체인지 발표하는 숙제를 하다가 국제인권단체인 '앰네스티'를 알게 됐다. 이 조직의 활동에 감화되어 학교 동아리로 앰네스티 조직을 만들어 국내 앰네스티 청년지부와 연계하는 활동에 빠지기도 했다. 인간의 존엄성을 기조로 연대하고, 부조리한 세계를 향해 대항의 메시지를 보내는 활동. 단박에 국제기구에 들어가야겠다는 꿈이 생겼고, 외국어 공부에 매진했다. 고등학교 졸업 후 한국외국어대학교에 진학해서 영어학을 공부할 수 있게 된 것은 충분히 만족스러운 선

미술 편집자의 마음

택이었다. 그러나 대학생활은 그에게 말 그대로 '밑바닥을 치는' 경험을 안겨주었다.

"오리엔테이션 첫날 학교 도서관에 가서 공부를 하고 신입생 환영회에 갔더니 선배들이 조롱을 하는 거예요. 충격이었죠. 대학에 가면 내가 생각했던 공부를 할 수 있겠다 했는데, 실망이 컸던 것 같아요. 혼자 도서관에 가거나 철학 공부 모임을 찾아다니기도 하면서 방황했어요. 잘은 모르겠지만 내가 인식하는 세계의 부조리가 있는데, 그걸 어떻게 내 방식으로 해결할 수 있을까 고민하며 학교에서 정치와 경제, 법학 등의 사회과학 개론 수업들을 수강했어요. 그런데 이것들을 배울수록 이런 대학 시스템에서 배우는 학문이라는 게 내가 생각하는 부조리함을 강화하고 재생산하는 것이 아닌가 의심을 하게 만들더라구요. 혼자 무작정 공부하다가, 도저히 내가 할 수 있는 게 없을 것 같다는 절망감을 느꼈어요. 구조적인 문제들을 바꿀 수 있는 것은 학문의 역할은 아니구나, 그럼 나는 과연 무엇을 할 수 있을까. 그렇게 갓 스무 살이 된 시기에 내가 살아온 삶의 경험을 끊임없이 반추했어요. 그러면서 내 삶에 강하게 흔적을 남긴 어떤 순간들을 더듬어볼 수 있었는데, 그 흔적들이 대체로 예술에 대한 경험과 관련 있다는 것을 깨달았어요. 그때부터 막연하게나마 예술의 힘이라는 것에 대해서 생각하기 시작했죠."

고민의 끝에서 마주한 '예술'. 하지만 본격적으로 공부하기에 앞서 학비나 군대 같은 현실적인 문제들이 여전히 해결되지 않은 상태로 줄줄이 남아 있었다. 뭘 할 수 있을까 고민만 하다가 남들보다 한발 늦었다는 조바심도 더해졌다. 선택의 여지가 없었으므로 군에 입대했다. 그런데 오히려 "정신없이 이등병 생활을 하고 나니, 복잡했던 생각들이 조금 명료해"졌다. 또래들보다 늦게 입대했지만, 좌절하고 방황했던 경험이 오히려 그 자신에게 솔직한 삶의 방향이 무엇인지 깨달을 시간을 마련해주었던 것이다. 내가 가장 좋아하고, 또 삶에서 가장 필요한 공부는 무엇이 있을까. 여러 조건을 고려했을 때 한국예술종합학교의 미술이론과가 가장 잘 맞아떨어졌다. 처음에는 영상이론과에 진학할까도 했지만, 미술이론이 좀 더 근본적이고 폭넓은 지식을 얻을 수 있는 학문인 것 같았다. 이한범은 이듬해 군인 신분으로 미술이론과에 합격했다.

미술출판, 전시 이해를 돕는 책?

"학교 세미나에서 만난 인연들과 《오큘로》라는 영상예술 잡지를 만들게 되었어요. 그러면서 이 잡지를 출간한 미디어버스라는 출판사와 인연이 되었고요. 미디어버스는 '더북소사이어티'라는 서점을 운영하면서 2010년대 독립출판과 예술출판 분야에서 중요한 움직임을 이끌었죠. 저도 이 서점의 열렬한 팬이었고요. 제가 미디어버스에 자주 얼굴을 비췄던 시기가 출판사도 다시 출판에 집중하려던 시기였던 것 같아요. 저는 학교를 졸업하고 반년을 백수로 지냈어요. 혼자 공부하고 글쓰고 그러던 시기였는데, 대표님이 제게 편집자로 일해볼 생각이 없냐고 해서 덜컥 일을 하게 됐죠. 그런데 저는 솔직히 입사한 그날까지 편집자가 도대체 무슨 일을 하는 사람인지 몰랐어요. 교정교열자인지, 출판기획을 해야 되는 건지, 디자인을 해야 되는 건지 좀 헷갈렸어요. 그럼 인디자인 프로그램을 배워야 하나? 이런 생각도 하면서 아무것도 모른 채 입사했죠."

다행히 그의 첫 사수는 베테랑 편집자인 구정연 대표였다. 미디어버스는 북소사이어티 서점 관리는 매니저가, 출판기획은 대표가 전담하는 구조다. 이한범은 입사하자마자 구정연 대표를 돕게 되었고, 짧은 기간 동안 어깨너머로 많은 것을 배웠다. 그렇게 처음 공동편집자로 이름을 올린 책이 장보윤 작가의 『다시 이곳에서: 마운트 아날로그』(2016)였다. 이 책은 각기 다른 개인의 사적인 추억의 사진들, 특히 경주라는 도시를 배경으로 한 타인의 사진을 토대로 작가가 논픽션을 덧대며 개입하는 방식의 에세이 사진집이다. 이 작업을 하면서 처음으로 작가의 원고를 받아서 디자이너와 회의도 하고 최종 교정교열도 진행해봤다. 일이 조금씩 손에 익을 즈음, 그의 앞에는 이미 많은 출판 제의가 들어와 있었다.

"입사한 이후 미술관 전시 도록을 외주 받아서 만드는 일을 종종

하게 됐어요. 그중 하나가 서울시립미술관에서 열린 전시 〈불협화음의 기술: 다름과 함께 하기〉의 도록이에요. 미술출판이 일반적인 출판과 다른 점은, 도록 자체가 큐레이터의 기획의 일부라는 점인 것 같아요. 전시 도록은 기획에 포함되는 중요한 부분이라 대부분 큐레이터가 직접 편집하죠. 전문 편집자가 전시 도록을 편집하는 경우는 한국에선 드물다고 할까요. 아직 우린 그런 시스템이 자리잡지는 못한 것 같아요. 아무래도 예술출판사와 협업하는 모델이 다양하게 존재하는 해외에 비해 국내에는 예술출판물을 기획·발행하는 기관이 많이 없기도 하고요."

정도의 차이는 있지만 시중에 판매되는 책들은 불특정 다수를 독자로 설정하는 경우가 많다. 그러나 미술출판, 특히 전시 도록은 기획부터 필자 섭외까지 일련의 과정이 전시를 중심으로 진행되기 때문에 타깃 독자층이 전시 관객인지 연구자인지 비교적 명확히 구분된다. 다시 말해, 전시에 기반한 2차 저작물의 성격을 띠기 때문에 출판기획의 초기 단계부터 전시기획의 의도를 충분히 유지하면서, 어떻게 하면 더 풍성한 콘텐츠를 책 속에 녹여낼 수 있을지를 고민해야 한다. 전시기획자, 큐레이터와의 호흡도 중요하다. 전시 이해를 돕는 텍스트를 삽입하는 것을 선호하는 큐레이터도 있고, 전시의 주제와 조금 동떨어지더라도 전시를 입체적으로 이해할 수 있게 해주는 텍스트를 기대하는 큐레이터도 있다. 때문에 큐레이터와 출판편집자 간 충분한 대화가 필수적이다.

"출판업자로서 '책을 만드는 것'과 '미술의 한 부분으로서 책을 만드는 것'은 근본적인 차이가 있는 것 같아요. 전자의 경우 책은 좀 더 상품에 가까워요. 현실적인 이해를 가지는 것 같고요. 하지만 후자의 경우, 특히 미술에서는 출판에 대해 전혀 다른 접근법을 갖고 있어요. 조금 이상적인 면이 있달까요. 책도 작품의 일종으로 여긴다고 할까요. 반면 일반적인 편집자들은 독자가 어떻게 읽을지를 고민하면서 문장을 고치고, 이 책이 어떻게 어디서 유통이 될 것이며, 어떤 방향으로 소개되어야 할 것인지에 대해 많이 고민하죠."

미술에서 출판은 큐레이터, 전시 콘텐츠, 그리고 참여 작가라는 큰 전제를 가진다. 그러다 보니 출판편집자의 역할도 편집자마다 다르게 설정한다. 전시기획의 의도를 아주 적극적으로 수용하는 경우, 책의 구성까지 전시 구성을 그대로 따르고, 책의 디자인에만 관여하기도 한다. 큐레이터와 협의 후 좀 더 실험적인 형식의 도록에 도전할 때도 있다. 이 경우 단순히 전시를 기록하는 것이 아니라, 편집자가 전시 작품의 일부분으로서의 책을 만들기 위해 다채로운 시도들을 주도적으로 이끈다.

나의 경험을 곁들이자면, 몇 해 전 전시 가이드북을 편집해달라는 의뢰를 받은 적이 있다. 전시 서문, 작가 소개, 작품 소개, 작품 배치도 등을 작가와 기획자로부터 수합해서 목차를 만들고 정리해 오픈 수일 전에 디자이너에게 전달하는 일이었다. 막상 일을 시작하고 보니, 오픈일이 다가오는데도 작품 소개, 작가 소개 글이 들어오지 않아 애를 먹었다. 그나마 들어온 글도 분량에 한참 모자르거나 너무 길어 새로 쓰다시피 했으며, 끝까지 받지 못한 글은 자료를 찾아 직접 써야만 했다. 겨우 교정을 봐서 번역가에게 보내기도 바쁜데, 그 사이 글을 고쳐달라는 요청이 빗발쳤다. 참여 작가가 50명 남짓한 꽤 큰 규모의 전시였는데, 결국 원고 작성, 교정, 윤문, 번역, 번역 감수, 수정, 디자인 작업, 다시 수정, 감수… 이 과정을 수백 번 반복하고 오픈 당일 아침에야 잉크가 덜 마른 가이드북 실물을 받아볼 수 있었다.

이뿐만이 아니다. 대부분 전시 관련 원고는 편집자에게 모이기 때문에 전시 홍보 자료, 전시장 벽면 소개글, 작품 캡션 등의 텍스트도 별도로 추려서 보내달라는 부탁도 받게 된다. 이런저런 뒷작업까지 고스란히 편집자의 몫이 되는 것이다. 이 모든 과정을 겪으면서 배운 것은, 일을 의뢰받을 때 시간과 일의 양을 먼저 따져보고 내가 할 수 있는 일과 할 수 없는 일에 대한 '견적'을 잘 내야 한다는 것. 혼자 하기에 일이 너무 많으면 인건비를 더 요청해서라도 여럿이 나누어 하는 게 필요하다. 점점 늘어나는 일을 거절하지 못해서 맡은 업무를 감당할 수 없게 되면 결과물의 질은 떨어질 수밖에 없고, 이는 고스란히 인쇄물로 남는다. 오히려 일의 영역을 잘 구분해 추가적인 일을 단호하게 거절하면 일을 의뢰한 사람과도 더 효율적으로 소통할 수 있다.

미술 편집자의 마음

"미술출판에서 편집자의 역할이 딱 정해진 건 없거든요. 그렇기 때문에 더욱 자기가 주로 다루는 책, 추구하는 출판의 방향, 그리고 어떤 주제의 출판을 지향하는지에 대한 스스로의 위치 설정이 제일 중요한 것 같아요. 그것을 함께 일하게 될 협업자에게 잘 설득할 수 있으면 더 좋고요."

이한범이 그동안 추구해온 편집 작업의 순서는 다음과 같다. 전시가 처음 기획된 시점부터 최종 인쇄까지 전시 전반에 대한 프로세스를 기획자와 함께 되짚어본다. 그리고 필자 섭외에 앞서 관련 텍스트를 찾아본다. 이때 꼭 미술, 예술 분야의 글만 참조하는 것은 아니다. 최대한 다양한 분야의 연구들을 폭넓게 검토한 후 최종적으로 필자를 섭외한다. 필자를 섭외할 때는 출품작과의 연관성도 고려한다. 원고 청탁을 할 때 필자에게 전시기획 의도와 지향점이 곡해되지 않도록 잘 설명하는 것도 편집자의 역할 중 하나다. 원고가 들어오면 꼼꼼히 읽어보고 이 글이 책 속에서 어느 위치에 배치되면 좋을지 목차를 정리한다. 이 과정에서 책의 제목, 표제로 쓸 대표 작품 등이 새롭게 떠오를 때가 있는데, 그것이 전시를 읽어내는 데 매우 유용한 맥락이 되는 아이디어일 때 무척 뿌듯하다.

말하고자 하는 내용과 말하는 형식의 조화

이한범은 예술잡지 《오큘로》의 공동 편집자로도 이름을 올렸다. 잡지 편집은 미술관에서 발행하는 도록 출판과는 조금 '다른 결'의 편집 작업이다. 전시 도록 편집이 '전시'라는 특정한 시공간을 표적 삼아 좁고 깊은 우물을 파내 한 가지 색깔의 이야기를 끌어올리는 형식이라면, 예술잡지의 편집은 이곳저곳에 얕은 웅덩이를 파서 다양한 색의 이야기를 발굴해내는 작업이다. 매달 새로운 '주제'를 정하고 그 주제에 부합하는 필자들을 섭외하고, 어떤 방향의 글을 기대하는지 원고 청탁 의도에 대해 매번 필자들에게 상세히 설명해야 한다. 그런데다 마감기한은 또 얼마나 촉박한지, 어떤 때는 '지옥 구덩이'에 스스로 발을 들여놓은 기분이 들 정도로 여러모로 고된 작업이다.

"잡지 원고 청탁의 경우 마감기한이 촉박하다 보니, 필자를 섭외하는 것부터 힘들어요. 필자가 거절할 때도 있고요. 그리고 일을 해보니, 필자와 매체의 관계가 글을 생산하는 데 있어 되게 중요한 부분인 것 같아요. 매체가 어느 수준으로 필자에게 청탁 내용을 이해시키고 얼마만큼 교류를 하는지에 따라서 모든 것이 달라져요. 하지만 청탁 과정에서 대화 부족으로 예상에서 벗어난 원고가 왔더라도 기본적으로 필자 잘못은 없다고 생각해요. 필자들과 충분히 교류하지 않은 책임은 당연히 매체에 있으니까요."

미술 편집자의 마음

청탁을 했다는 것은 어쨌든 필자를 신뢰하겠다는 의지의 표명이다. 때문에 가급적 어떤 글이라도 수용을 해야 한다고 생각한다. 하지만 피드백 과정이 아예 없어야 한다는 말은 아니다. 문제는 피드백을 하는 태도의 문제다.

"필자에게 한 문장을 이렇게 고쳐달라고 요구하기 위해서는 그 이유가 무엇인지에 대해 필자가 납득할 수 있도록 충분히 설명해 줘야 한다고 생각해요. 그게 엄청 어려운 일이면서도 당연히 필요한 일인 것 같아요. 그런 식의 진지한 피드백이 있어야 필자들에게도 도움이 된다고 생각하고요. 글이라는 것이 처음엔 내 것인데 쓰고 나서는 공동의 것이 되는 느낌을 받을 때가 있잖아요. 이 모든 과정을 수용하는 게 잡지 편집의 중요한 업무인 것 같아요. 그래서 이 일이 힘들지만, 어찌 보면 그래서 훨씬 더 매력이 있어요."

전시와 마찬가지로 출판도 결국은 발아의 한 형태다. 작가, 편집자, 번역가, 디자이너 모두 각자 위치에서 자기 역할을 잘 해냈을 때, 씨앗에서 싹이 트듯 영 기별 없어 보이던 결실이 툭 튀어나온다. 이한범은 모두의 노고가 단순히 잡지의 지면만을 채우기 위해 허비되지 않기를 바란다. 글을 쓰든 디자인을 하든 번역을 하든, 출간물을 위해 협력하는 사람들은 제각기 최선을 다한 결과물을 편집자에게 건넨다. 하지만 편집자가 마감에 급급해서 자리 채우기 형식으로 이 콘텐츠들을 소비한다면 그것만큼 허망한 일도 없을 것이다. 때문에 매체를 통해 독자에게 무슨 말을 전하고 싶은지 우선 진지하게 고민한다. 말하려는 주제가 정해지고 나서는 협력자들과 충분히 대화하면서 그 주제를 독자에게 어떻게 전달하면 좋을지 말하는 형식을 고민한다. 주제와 형식이 딱 맞아떨어질 때 가장 좋은 책이 나오고, 매체 역시 장기적인 생명력을 가질 수 있다고 여기기 때문이다. 그리고 그의 경험상 책의 주제를 전하는 '형식'은 주로 디자이너가 구현하는 시각 언어와 긴밀한 연관이 있다.

"예술출판계에서 디자이너의 역할은 일반적인 출판 디자이너와 차이가 있어요. 제가 경험한 바로는 예술출판 디자이너는 책 내용을 다 듣고 작품으로 접근하려는 경향이 짙은 편이에요. 디자이너도 작가구나라는 생각을 많이 했던 것 같아요. 무엇보다 이분들의 역할이 중요한 게, 디자이너들은 어떤 추상적인 것들을 물질적이고 시각적으로 구현을 하는 사람들이니까 그 관계에서 만들어지는 결과물이 되게 중요한 거 같더라고요. 게다가, 신기하게도 디자이너마다 텍스트에 대한 이해는 같아도 결과물은 다 달라요. 그래서 매번 프로젝트를 할 때마다 어떤 디자이너와 협업을 할지를 고민하는 것도 편집자의 중요한 자질일 수 있을 것 같아요. 개인적으로 디자이너와 작업하는 건 매번 새롭고 재미있어요. 내가 생각 못했던 걸 정확하게 다른 방식으로 보여주잖아요."

미술 편집자의 마음

이한범,

미술 편집자의 마음

편집자, 큐레이터, 그리고 비평가

출판편집은 프로젝트 건별 계약으로 진행된다. 그러다 보니 작업 기간이 오래 걸릴수록 월 수입이 줄어드는 구조다. 책 한 권을 500만 원에 계약한다 쳤을 때, 작업이 5개월을 넘어가면 한 달에 100만 원도 채 벌지 못하는 셈이다. 그나마도 지속적인 일감이 있을 때의 얘기다. 이한범은 그나마 월급을 받는 직장에 다니고 있기에 비교적 안정적으로 부수적인 활동들을 하는 편이다. 그렇다고 미래에 대한 고민이 없는 것은 아니다. 근 3년간 편집자, 전시기획자, 비평가 등 여러 역할을 오가며 미술계 전반에서 활발한 활동을 보이고 있는 그가 도달하고자 하는 곳은 어디일까.

> "저는 결국 비평가가 되어야 할 것 같아요. 비평적인 글을 쓰는 것을 제일 중요하게 생각해요. 그런 측면에서 전시기획과 서점에서의 경험들이 도움이 많이 되었죠.《오큘로》1호에 제가 썼던 글을 지금 보면 되게 오만했다는 생각이 들어요. 내가 잘 쓰기만 하면 되는 줄 알았는데, 글이 실리는 매체에 대한 고민이 되게 중요하다는 걸 알게 되었어요. 서점에서 일하면서 유통 영역도 고려되어야 한다는 것도 알게 됐고요. 전시를 하면서는 전시를 설명하는 글은 어떤 형식이어야 하는가에 대해 다시 생각하게 되었지요. 돌이켜보면 여러 활동이 글을 쓰는 행위에 대해 고민하고 배우는 계기가 된 것 같아요."

대화가 막바지에 접어들 즈음 이한범은 기획자 양성 프로그램을 통해 동료들과 생애 처음으로 전시를 만들어본 이야기를 들려주었다. '부담 없이' 시작된 모임에서, 이한범과 동료들은 각자 중요하게 생각하는 예술이란 무엇이고, 전시란 무엇인가에 대해 치열하게 토론했다. 긴 논의 끝에 전시의 주제로 '주제 없는 전시'를 선택했고, 이 전시는 같은 해 〈새벽 질주〉(2014)라는 제목으로 열렸다. '예술작품은 언어로 가둘 수 없다'는 신조로 젊은 작가 몇 명이 의기투합해서 완성했던 전시. 이한범은 그때 만난 동료들과는 여전히 좋은 관계를 유지하고 있다며, 미술이란 무엇일까에 대해 여러 각도로 고민했던 유익한 시간이었다고 눈을 반짝인다. 앞으로 많은 시간이 필요하겠지만 "비평을 통해 어떤 성과보다는 예술작품 자체를 좀 더 정확하게 이해해보고 싶다"는 그의 말에는 예술에 대한 진지하고 깊은 애정이 깃들어 있다.

인터뷰 및 정리 | 신이연

미술 편집자가 되고 싶은 이들에게 건네는
이한범의 마음

1. 자신만의 비평적 논의가 필요합니다.

동시대 미술은 그 범주를 규정하거나 성격을 정의하기 어려울 정도로 복잡하고 다양한 것들을 품고 있습니다. 따라서 미술을 둘러싼 많은 경향과 움직임을 계속해서 파악하고 있는 것이 중요합니다. 하지만 저는 편집자란 정보를 모으는 사람이 아니라 정보를 조직하고 어떤 방향으로 나아가게끔 하는 사람이라고 생각합니다. 그래서 자기 자신에게 중요한 미술, 나만의 지도를 그려놓는 일이 중요하다고 생각해요. 내가 다룰 대상이 무엇과 연관되어 있는지, 혹은 무엇과 연결시켜볼 수 있을지를 끊임없이 고민하고 이리저리 배치해보는 일이 편집자의 기본적인 몸짓인 것 같습니다. 그리고 이러한 행위에는 일종의 직업윤리가 필요합니다. 미술 편집자는 늘 작가, 큐레이터, 평론가, 이론가 등 타인의 창작물을 다룹니다. 일을 하면 할수록 느끼는 거지만, 그 무게와 책임감은 결코 가볍지 않습니다. 때문에 타인의 창작물에 대해 깊은 애정과 존경을 가지고 있어야 하죠. 그렇지만 또 동시에 그것들과 거리를 두고 객관적으로 바라볼 필요도 있습니다. 많은 협업자가 편집자에게 원하는 것은, 너무 가까워서 그들이 보지 못한 것들을 보고 말해주는 비평적 논의이기도 하거든요.

2. 대상에 대한 깊은 애정과 섬세한 고민은 필수입니다.

도대체 편집자는 무슨 일을 하는지 많은 사람이 궁금해합니다. 그도 그럴 것이, 책을 만들 재료가 있고 그것을 책으로 만들어줄 디자이너만 있으면 어찌됐든 책은 만들어지기 때문입니다. 물론 편집자가 늘 필수적인 존재는 아니라고 생각합니다. 편집자가 필요한 이유도 경우마다 다르고요. 기술적으로 일을 진행시키는 역할이 필요할 때도 있고, 책의 정체성을 구상하는 것부터 시작할 때도 있죠. 모든 편집자가 그렇겠지만, 저 또한 편집의 가장 주요한 목적은 '좋은' 책을 만드는 것입니다. 편집자는 이 책이 어떤 방식으로 어떤 측면에서 좋은 책이 되면 좋을지, 혹은 클라이언트와 독자 모두에게 어떤 책이 필요할지를 고민하고 구체화하는 사람이라고 할 수 있겠습니다. 그러기 위해서는 책으로 만들어질 대상에 대해서 다른 누구보다도 깊고 섬세하게 이해해야만 한다고 생각합니다. 종종 저는 미술책 편집자가 아니라면 편집자가 되지 못했을 거라고 말하곤 합니다. 저는 편집자이기 이전에 미술 비평가로 활동하는데, 그 활동의 기본 또한 작품, 작가 그리고 오늘날의 미술 자체를 보다 더 적확하게 이해하는 것입니다. 이 과정은 시간과 노력이 많이 드는 반면 생산성이나 경제적 가치는 아주 낮습니다. 눈에 띄는 활동도 아니고 단번에 만족할 만한 훌륭한 것이 나오지도 않죠. 그럼에도 묵묵히 생각하고 고민하는 이 시간을 무엇보다 즐긴다면, 편집자는 꽤나 매력적인 직업이 될 수 있습니다.

미술 편집자의 마음

김정현, 미술 평론가의 마음

2017년, 서울시립미술관에서 코디네이터로 일할 때 'SeMA(세마)-하나 평론상'(서울시립미술관과 하나금융그룹이 공동 주최하는 세마-하나 미술상의 평론부문 상. 세마-하나 미술상은 미디어아트어워드와 평론상으로 구성돼 격년제로 운영된다) 일을 도운 적이 있다. 그때 비평에 관심을 갖고 자신의 평론글을 세상에 내보이고 싶어하는 사람들이 생각보다 많다는 것을 알게 됐다. 마치 이런 창구가 열리기를 기다렸다는 듯이 응모작들이 들어오는 것을 보고 있자니 그동안 쌓인 평론에 대한 갈증을 새삼 느낄 수 있었다. 그러고 보면 미술잡지나 지면에 실리는 비평글의 글쓴이들은 교수 혹은 다른 직함을 단 사람들이 대부분이다. 그나마 비평을 시작하려는 이들에게 주어진 기회라고는 조선일보에서 주최하는 신춘문예가 다인 걸 생각하면 이러한 수요를 그동안 왜 모르고 있었을까 싶다.

그러다 문득, 2015년에도 많은 사람들의 도전 속에 수상자가 가려졌을까 하는 궁금증이 생겨 1회 하나평론 수상작을 찾아보았다. 제1회 세마-하나 평론상은 곽영빈과 김정현이 공동수상했다. 그동안 여러 지면에서 가끔씩 만난 김정현이라는 이름이 눈에 들어왔다. 그날, 처음으로 그의 글을 한 문장 한 문장 곱씹으며 차근차근 읽어보았다. 다소 어려운 용어와 모호한 문장들로 가득해 읽기 쉽지 않은 기존 비평문들과 달리 김정현의 글은 짧은 호흡의 문장들을 긴 흐름으로 끌고 가는, 그야말로 술술 읽히는 글이었다.

그 이후 전시 서문과 미술잡지의 어느 한 페이지에서 그의 이름 석 자를 만날 때마다 반가움이 앞섰다. 본격적으로 비평활동을 하기 위해 노력하는 그의 모습이 보여서이기도 했지만, 대학강사나 교수 같은 타이틀 없이 오로지 미술비평 하나로 홀로 일어서려는 그를 응원하고 싶은 마음이 컸다. 척박한 미술환경 속에서 글빨 하나로 살아남는다는 게 얼마나 녹록잖은 일인가.

그가 써온 여러 글들을 다시 훑어봤다. 글을 써내려가는 일이 얼마나 쉽지 않은 일인가를 생각하며, 자세를 고쳐앉아 읽었다. 그의 글들은 조곤조곤 읊어내는 단어들로 촘촘히 채워져 있었다. 그림으로 치자면 두터운 붓터치로 거칠게 묘사한 표현주의라기보다 매무새가 잘 다듬어진 고전주의에 가까운 느낌이다.

글에는 글쓴이의 성격이 그대로 녹아 있다고 한다. 멀찍이서 본 것을 제외하고는 사실상 첫 대면인 인터뷰에서 그의 모습은 단연코 그의 글 그 자체였다. 하얀 얼굴에 동그란 안경, 안경 너머의 흔들림 없는 눈동자. 매섭지는 않지만 진중한 태도와 화법에서 내공이 느껴지는 사람, 김정현이다.

공부가 좋아서 선택한 길

그는 대학에서 인문학을 공부했다. 그 후 이름만 들어도 알 법한 IT업계에서 1년 반 동안 회사생활을 하다 미술이론학과 대학원에 진학한 케이스다. 어떻게 미술의 길로 들어서게 됐을까? 겉으로 보기엔 잘 다니던 회사를 때려치우고 갑작스럽게 진로를 변경한 것처럼 보이지만, 그 자신에겐 전혀 터무니 없는 사건이 아니었다. 고등학생 때 미술선생님이 현직 작가로 활동하던 분이었다. 그 덕에 순수미술뿐 아니라 미학이라는 학문도 알게 됐다. 하지만 그때는 그게 전부였다. 미술을 전공이나 직업으로 삼을 생각은 해본 적이 없었다. 더 정확히 말하자면, 미학으로 어떻게 밥벌이를 할 수 있는지 몰랐다. 인문계 대학에서 심리학과 정치·경제·철학(PEP)을 복수전공했다. 인문'사회'과학적 지식을 바탕으로 현상을 분석하고 해석하는 것이 적성에도 잘 맞았다. 무엇을 연구하고 분석하는 일, 그게 좋아 공부를 계속하고 싶었다. 공부를 꾸준히 할 수 있는 직업을 찾다 학자가 돼야겠다고 생각했다. 하지만 결국 현실 앞에서 그는 취업을 선택해야만 했다. 공부를 계속하고 싶다는 마음은 잠시 내려두고 입사를 했다.

"학문에 대한 뜻을 버리지 못하고, 1년 반 다니다가 그만뒀어요. 산업 동향을 조사하고 통계를 분석하는 일을 하는 동안에 순수 학문에 대한 목마름이 더 커졌어요. 더 오랜 시간 책을 보고 싶었고, 지식의 지도를 그리고 싶은 마음이 점점 강해졌죠. 대부분 미학, 미술사 같은 책을 읽었어요."

다시 공부의 길로 접어들었을 때 선택한 학문이 미술사였다. 미학만을 염두에 두고 있다가, 그때 처음으로 홍대에 미학적 지식을 바탕으로 미술사를 연구하는 교수님이 있다는

미술 평론가의 마음

걸 알고는 바로 지원했다. 예술이론사나 미학을 공부하는 일이 적성에 잘 맞았다. 그림 그 자체보다는 그림에 관한 글을 읽는 것이 좋았다. 그림 보는 것이 좋아서 혹은 미술관 가는 게 좋아서 미술사 공부를 시작한 이들의 경우, 수업을 듣는 과정에서 어려운 텍스트에 예상치 못한 쓴맛을 볼 때가 많은데, 그는 반대였다. 현대미술사 방법론이 대학 시절 배운 문화연구 분야와 맞물리는 부분이 많았다. 연구 분석하는 습관도 도움이 돼 큰 어려움 없이 대학원 과정을 마칠 수 있었다. 이제야 제 길을 찾은 기분이었다.

할 수 있는 일과 할 수 없는 일

이상적인 계획으로는 석사 졸업 후 바로 박사에 진학하고 싶었지만, '현대미술이란 무엇이고, 지금 미술을 창작하는 사람들은 뭘 하고 사는 걸까' 하는 풀리지 않는 질문이 마음 한구석에 계속 남아 있었다. 논문을 쓰고 나서도 가시지 않는 이 궁금증은 학교에서 배운 지식만으로는 해결할 수 없다는 걸 느꼈다. 그 상태로 공부만 계속하다간 미술에 대한 잘못된 판단만 커질 것 같은 위기감도 들었다. 결국 책이 아닌 현장에서 예술에 대해 이해해보자라는 생각으로 채용공고를 찾기 시작했다.

　운 좋게 동기를 통해 사람을 구한다는 얘기를 듣고 지원한 전시장에서 바로 일을 시작했다. 예술에 대한 이해를 해보자라는 이상적인 믿음을 갖고 찾은 첫 직장이었다. 하지만 현실은 전혀 달랐다. 전시 오픈 일주일을 앞두고 그만둔 담당자의 빈자리를 메우느라 바빴다. 전시 업무와 번역 일을 하고 당일에는 통역자 역할도 했다. 적은 인력으로 운영되다 보니 혼자 감당해야 할 일이 너무 많았다. 약간은 내성적인 성격 탓에 테크니션이나 목수와 소통하는 실무적인 영역에서도 적지 않은 스트레스를 받았다. 그럼에도 책임감으로 버티며 주어진 업무를 묵묵히 해냈다. 그래서 더 지쳤다. 하지만 1년은 적성을 확인하기에는 충분한 시간이었다.

"(그곳에서의 경험을 통해) 큐레이터로서 할 수 있는 것과 할 수 없는 것을 분명하게 확인했어요. 모든 일이 버거웠던 건 아니에요. 작가와 대화하고 제 지식과 관심사를 바탕으로 작품을 해석하고 그걸 갖고 다시 작가와 토론하고 글로 풀어내는 일은 즐거웠어요. 그렇지만 연구의 즐거움보다 실무의 부담이 너무 커서 '나는 큐레이터가 될 수 없는 사람이다'라고 생각했어요. 결과적으로는 좋은 경험이 됐죠. 미숙해서 실수도 많았지만 많은 것을 배웠어요."

일을 그만두고, 미술 관련 일을 다시 할 수 있을 거라고 기대하지 않았다. 이것저것 가지를 쳐내다보니 남는 건 읽고 쓰는 일뿐인데, 짧은 경력과 좁은 인맥으로 기고할 지면을 얻

　　　　　　　　　　　　　　미술 평론가의 마음

는 건 어림도 없는 일이었다. 스스로 출판지나 플랫폼을 만들지 않는 이상 그 누가 불러주겠는가 싶었다. 알음알음 연결되는 일이 많은 미술계에서 현장과 연이 없는 그가 자리를 찾기란 쉽지 않은 일이었다. 게다가 유명한 평론가에게 글을 의뢰하는 것을 선호하는 작가들의 경향도 무시할 수 없었다. 짧은 기간 일하면서 알게 된 작가에게 가끔 리뷰 의뢰가 들어오는 것을 제외하고, 어딘가에 글을 실을 수 있는 기회를 얻는 건 불가능에 가까웠다.

그렇게 6개월이 지났을 때, 우연히 서울시립미술관 세마-하나 평론상 공모를 보았다. 마감 일주일 전이었다. 학력, 성별, 나이에 상관없이 지원할 수 있으며, 상금도 꽤 큰 평론상이었다. 이렇다 할 수입이나 고정된 일은 없었지만 전시는 거의 빼놓지 않고 보아온 터라 해볼 만하겠다 싶었다. 틈틈이 보아온 전시와 퍼포먼스에 대해 친구들과 나눴던 이야기의 단상들을 장편의 글로 풀어내는 데에는 일주일도 채 걸리지 않았다.

"그때는 글을 써봤자 누가 보겠나 하는 생각에 부담 없이 끼적였어요. 작가 컨택 없이 제가 보고 생각한 것만으로 열 페이지 분량의 긴 글을 하루이틀 만에 완성했어요. 한 달 내내 글 생각만 하고 있던 걸 쏟아낸 거죠. 직장도 학교도 다니지 않고 방황하고 방랑하던 때라 시간적으로 집중할 수 있었어요. 심심해서 글이 너무 쓰고 싶었던 때라, 쓰면서도 굉장히 즐거웠어요."

1차 발표 후 2차 블라인드 면접도 봤다. 최종 3인에 들었다는 소식을 접하고는 왠지 모를 기대가 있었다. 최종 발표날, 두 명의 당선자 명단에 김정현의 이름이 있었다.

산만함과 집중력을 두루 갖추는 일

문학비평에선 문학작품이, 영화비평에선 영화가 그 숙주가 되듯 미술비평은 미술작품으로부터 나온다. 미술작품을 보기 위해선 직접 전시장으로 나서야 한다. 세마-하나 평론상 응모를 위해 그는 그동안 열심히 보러 다녔던 전시들 중에서 다루고 싶은 전시들을 모아 분석했다. 이론적 틀 안에서만 전시와 작품을 설명하지 않고 전시를 보며 느꼈던 것에서 출발했다. 부단히 돌아다닌 결과가 2015년 세마-하나 평론상에서, "권위 있는 제도권 미술관부터 열병처럼 번진 독립 신생공간까지 아우른 사례로 해박한 현장감각을 보여줬다"라는 평가로 이어진 셈이다.

한때는 학자가 되지 못하면 가치 없는 인생이라고 여긴 적도 있었다. 대학에 입학한 이후부터 학자가 될 것이란 목표 하나만 갖고 살아왔다. 그래서 공부 외에 다른 일들을 선택해야 했을 때 적지 않은 절망감이 든 것 또한 사실이었다. 하지만 평론가가 된 지금, 학자가 되지 않은 것에 후회는 없다. 궁금한 분야에 대해 계속 알아가는 것은 그 어떤 타이틀 없이도

가능한 일이라는 생각이 들고, 이제는 하고 싶은 이야기를 쓸 수 있는 지면도 생겼기 때문이다.

"지난 10년간 사회가 급변하면서 학자의 역할이나 대학의 체계가 많이 달라진 것 같아요. 제가 이상적으로 바라던 학자의 상이, 특히 현대미술 연구에서는 대학에 있는 게 아니라는 생각을 하게 됐어요. 현실적으로 박사학위가 있으면 현장이나 강단에서 더 대우를 받을 수 있겠지만, 학위가 비평적 역량을 증명해주지는 않아요. 언젠가 다시 견고한 이론적 연구를 하고 싶지만, 지금은 그보다 시각예술의 감각적 형식과 구조를 이해하고, 작품을 보는 안목과 작품을 보는 방식을 연마하는 데 시간을 들여야지 싶어요."

지금은 평론가로서 무엇이 더 필요할지 생각하게 됐다. 중요한 건 단연코 작품을 보는 안목이다. 어떤 타이틀로 주어지는 게 아닌 직접 발로 뛰고 보고 느껴서 얻어내야 비로소 길러지는 감각. 하지만 보는 것만이 전부가 아니다. 곰곰이 생각할 시간과 생각한 것들을 글로 다 풀어낼 때까지 붙들어줄 무거운 엉덩이도 필요하다. 그 일련의 과정을 거쳐 탄생하는 게 미술 평론이다. 그래서 어렵고 까다롭다고 말한다. 게다가 정보에도 끊임없이 반응해야 한다. 어떤 전시가 있는지 미술계의 동향도 놓치지 않고 파악하고 있어야 한다. 웬만큼 부지런하지 않고서는 불가능한 일이다.

미술 평론가의 마음

"이 주의 산만함을 어떻게 다루느냐가 미술비평에서 중요한 부분인 것 같아요. 자기만의 공간에 눌러앉아 집중해서 책을 읽고 글로 풀어내는 문학비평과 달리, 미술비평은 도시의 골목 곳곳에 있는 전시장들을 다녀야 하고, 짧은 리플릿을 읽고, 기획의 주제와 레퍼런스들이 뒤섞인 이미지와 텍스트의 수수께끼 같은 미로를 헤매고 다니죠. 그 산만함의 한가운데서 어떻게 생각하고 고민하고 글을 쓰느냐, 그게 관건인 거 같아요."

평론상 수상 이후 가장 큰 변화는 그를 찾는 지면이 늘어났다는 점이다. 전시 서문이나 카탈로그에 실을 글을 의뢰해오는 작가도 생겼고, 어떤 글을 재밌게 읽었다며 글을 부탁하는 경우도 생겼다. 찾는 이가 늘어난 건 분명 좋은 변화지만 부단히 돌아다녀야 하는 만큼 온전히 생각하고 쓸 시간이 부족해졌다는 말이기도 하다.

작업과 맥락을 지각해내는 과정

'위기'와 '죽음'. 미술비평에 대해 말할 때 빠지지 않고 등장하는 단어다. '미술비평의 위기' 혹은 '비평의 죽음'은 하나의 표현으로 굳어졌고, '인용'이나 '학술적 글쓰기' 등의 단어들 없이는 미술비평에 대해 얘기할 수 없을 정도가 되어버렸다. 그런 분위기 때문이었을까. 그도 처음부터 평론에 큰 관심이 있었던 것은 아니었다. 당선되기 전까지만 해도 미술 평론에 쓰인 내용들을 신뢰하는 편이 아니었다. 딱히 좋아하는 평론가도 없었다. 그래서 굳이 찾아서 읽으려고도 하지 않았다. 하지만 평론가가 된 후로는 평론이 무엇인가에 대한 생각을 하지 않을 수 없게 됐다.

"사람마다 평론에 관한 관점도 다르고 글 쓰는 방식도 다르지만, 어쨌든 평론은 작업을 보는 글을 써야 한다고 생각해요. 이론에 맞추는 게 아니라 무슨 일이 일어나고 있는지 호기심을 갖고 주제를 찾아내고, 자기 표현을 만들어내는 글, 그런 글이 좋은 글이라고 생각해요."

그럼 도대체 작업은 어떻게 보고, 전시는 또 어떻게 봐야 할까? 맥락을 읽을 수 있어야 한다고 그는 말한다. 작품을 분석한다고 할 땐 작업이 갖고 있는 주제적 맥락 위에서 형식적 혹은 구조적으로 어떻게 표현하고 있고, 어떻게 해석하고 있는지를 보려고 해야 한다. 미술작품을 본다는 것은 작품 내적인 요소를 들여다보고, 사회적 맥락에서 작업의 의의를 평가하는 일이라고 생각하기 때문이다. 전시를 보는 일도 마찬가지다. 전시 구성이나 동선을 통해 작업이 어떻게 맞물리고, 그 안에서 관객들은 어떻게 반응하는지가 글 속에 있어야 한다. 가득 채워진 공간만을 보는 게 아닌 비어 있는 공간도 읽을 줄 알아야 한다는 뜻이다. 김정현은 그것이 '시각적 텍스

트를 읽고 감각하는 일'이라고 설명한다. 그게 바로 미술비평이고, 그 감각은 작품과 전시를 보는 훈련을 통해 길러진다는 게 그의 생각이다. 문체는 그 다음이다.

하지만 현대미술에서 '작품'이라고 불리는 영역이 다양해지다 보니 '이것이 정답이다'라고 딱 잘라 말하기는 어렵다. 사적인 부분에 천착해 작품으로 만들어지는 경우도 있고, 진입장벽 또한 많이 허물어졌다. 이러한 미술계 상황을 고려하면 비평하는 방식 또한 다양해질 수밖에 없다. 예를 들어 작가 자신의 삶과 고통을 작업으로 풀어내는 경우, 아무 맥락도 없이 '그런 고통이 너무 자폐적이고 작위적이다'라는 평가를 내린다면 그건 적절한 비평이라기보다 작가에게 상처를 주는 말로밖에 기능하지 못한다. 무엇을 보여주고자 하는지 작업의 방향을 먼저 파악한 다음, 그에 따라 비판하는 방식을 달리해야 하는 것이 적절한 비평적 글쓰기라고 그는 말한다.

그가 글을 쓸 때 꼭 지키는 한 가지가 있다. 되도록 인용을 하지 않는 것. 물론 새로운 이론이나 특수한 아이디어인 경우엔 어쩔 수 없겠지만 굳이 필요 없는 인용은 쓰지 않으려 한다. 인용을 잘 쓰면 글에 시너지 효과가 난다. 하지만 그렇지 못하면 만족스럽지 않은 결과물을 얻게 된다. 논문은 인용이 너무 적으면 설득력을 얻지 못하지만, 비평문은 인용이 너무 많으면 오히려 설득력을 잃는다. 비평은 아카데믹한 글쓰기와 다르다. 인용을 자꾸 하다 보면 작업이 아닌 이론을 설명하게 되고, 그 이론에 작업을 끼워맞추는 주객전도된 글쓰기가 된다.

"미술비평은 대부분 지면이 짧아요. 저는 비평을 할 때 우선 작업을 자세히 보고, 제가 보는 방법과 사고방식으로 풀어보려 해요. 인용이 정말 필요한 때가 아니면, 인용을 통해 글을 쓰는 습관, 그러니까 눈앞의 작품이나 전시에서 질문을 떠올리지 않고 독서 경험에서 사고와 문장을 만드는 일은 피하려고 해요. 이건 평론가로서의 자의식을 가지기 전과 후에 크게 달라진 점인데요. 학술 논문을 쓸 때는 반드시 역사적 문헌연구가 쌓여야 자기 주장이 뒷받침되거든요. 미술비평은, 글의 주제에 따라 달라지겠지만 우선 눈앞의 작품이 환기하는 감각에 대한 관심이 필요하다고 생각해요. 그런 감각에 어떤 언어가 필요할지, 종종 좋아하는 글을 뒤적거리며 단서를 찾지만, 인용은 아끼고 싶어요."

글쓰기를 업으로 삼는 많은 사람들이 그렇듯 그는 읽는 것을 즐긴다. 정확하게는 '읽는다'는 표현보다는 '궁금한 걸 찾아서 공부하고 알아가는 것을 좋아한다'에 더 가깝다. 출판 동향을 파악하는 일은 대학생 때부터 이어온 취미 중 하나다. 주요 출판사의 SNS는 팔로우해놓고 주기적으로 신간 목록을 체크한다. 서점이나 도서관에 가서 예술 분야나 여타 관심 분야 목록을 정리하고 훑어보는 일이 삶의 낙이라고 얘기할 정도다. 문학보다는 비문학을 좋아하고, 소설보다는 시집을 선호한다. 읽기가 무슨 관련이 있겠나 싶겠지만, 글을 쓰는 데 알게 모르게 많은 도움이 됐다. 그에게 읽기는 글쓰기에 곧바로 활용하기 위한 소스라기보다 시각예술의 형언할 수 없는 감각과 질문을 언어화하는 데 도움을 주는 상상력의 원천이다.

작가와의 간극 두기

작가로부터 직접 섭외를 받거나 레지던시를 통해 글을 쓰는 경우, 작가와의 미팅은 필수적이다. 다만 평론가도 사람이다 보니 그 과정에서 작가와 친해질 때가 있는데, 긴밀한 관계는 정보를 취하는 데는 도움이 되지만, 막상 글을 쓸 때는 도움이 안 되는 경우가 많다. 호의적인 글을 바라는 상대의 마음을 알기 때문이다.

> "작가 레지던시에 연구자로 입주해 있던 때가 있었어요. 청탁 원고를 준비하면서 작가와 인터뷰를 해본 적은 있어도 원고 약속없이 작가들과 어울려 대화를 나눈 건 거의 처음이었죠. 연구와 비평의 대상으로 추상화했던 작가들의 일상적 삶과 작업 환경, 물질적 현실 같은 걸 의식하게 됐어요. 여전히 글쓰기의 대상으로 바라보면서 의식적으로 거리를 둬보려고도 하고, 자연스럽게 거리감이 흐려지면서 그동안과 다른 관점에서 작가와 작업에 대한 생각을 해보게 되기도 했죠. 기획자는 작가와 인간적으로 가까워져도 괜찮지만, 비평가는 객관적인 관점을 갖추기 위해 사사

　　　　　　　　　　　　미술 평론가의 마음

로워지면 안 된다는 관념이 있어서 내적 갈등이 있었던 것 같아요. 기본적으로 낯을 많이 가리고 사교적인 편이 아니라 걱정했던 것보다는 별 갈등이 없었지만요."

사사로운 감정과 비평가적 마인드가 분리되어야 한다는 사람. 어떻게 그럴 수 있을까 생각하다가도 초지일관 흔들림 없는 눈빛으로 말하는 그의 모습에서 느껴지는 단호함이 그 의문을 해소해준다. 어디서 나오는 내공일까? 원래 감정 기복이 별로 없고 감정표현도 잘 안 하는 편이라고 하지만, 사실 여러 노력으로 다져진 마음가짐이다.

"대학 때 신입생 때부터 역사학회, 여성주의 소모임, 정치사상학회에서 매주 발제하고 토론했어요. 문제제기를 하고 답변하는 훈련을 하면서 감정적 반응 이전에 논리적으로 사고하는 법을 배운 것 같아요. 일반적인 창작자들과 달리 평론가들은 다른 창작자의 산물을 평가하는 역할을 하기 때문에 창작자와의 관계에서 갈등이 생길 수 있어요. 관계 지향형인 성격보다는 과제 지향형이랄까 냉정함을 유지할 수 있는 성격이 도움이 되지 않을까 싶어요."

비평과 독립 기획 일을 동시에 하다 보니 그 자신이 비평을 받는 일도 생긴다. 웬만해서는 감정이 앞서는 편이 아니라 자신의 글이나 기획전에 대한 평가를 받으면 반갑게 느껴진다. 비평하는 일만 하다가 비평받는 일도 생기다 보니 '비평을 할 때 이렇게 하면 좋겠구나, 저렇게 했으면 더 나았을 텐데'라는 이전에 몰랐던 감각도 생겼다. 작업을 만들다 보면 어디가 문제인지를 알면서도 끌고 나가야 할 때가 있는데, 그 점을 정확히 짚어주는 게 비평이 할 일이라고 생각한다.

> "비평이 언제나 작품 자체에 대한 심층 분석은 아니지만, 작품을 보는 데서 출발했는가, 작품을 제대로 볼 줄 아는가 하는 점이 중요하다고 생각해요. 글을 보면 그 사람의 안목과 작품 보는 방법을 짐작할 수 있는 것 같아요. 보는 눈이 날카로운 평론가를 보면 신뢰가 가요. 글이 유창하고 문체가 수려해도 보는 눈이 부재하면 공허한 느낌이 들고요. 다양한 성향의 평론가와 다양한 방식의 비평이 가능하겠지요. 그 중에서도 저는 작품이 만들어진 방식과 맥락을 존중하면서 보는 방법을 고민하고, 그렇게 감각한 것으로부터 세계를 확장시켜가는 비평을 만나고 싶어요."

직업이 아닌 직명으로서의 평론가

글을 쓸 수 있는 지면을 많이 얻게 된 것은 분명 좋은 일이다. 그렇다고 늘어난 일에 비례해서 수입이 높아진 것은 아니다. 예나 지금이나 원고료에 박한 건 크게 달라지지 않았다. 번역료가 높은 것도 아니지만, 원고료는 상대적으로 더 낮게 책정되어 있다. 평론 일을 하면서 미술 평론가가 과연 직업이 될

수 있을지 생각하게 되었다. 먹고사는 문제를 해결할 수 있는
가를 직업의 전제로 놓고 본다면, 평론가가 직업이 될 가능성
은 솔직히 말해 0퍼센트이다. 평론을 하는 사람들이 강사, 교
수, 큐레이터 등의 다른 일을 겸하고 있는 이유도 바로 여기
에 있다. 평론을 직업으로 유지하기 위해서는 다른 일을 해야
만 하는 구조다.

"원고료는 정말 적어요. 제 글의 원고료가 그 글을 번역하는 비용
보다 적을 때가 많아요. 생계비는 주로 시간강사 일을 해서 벌고,
가끔 특강을 하거나 지원금 사업의 심사위원 일이 들어와요."

이런 상황에 대한 그만의 대처법도 생겼다. 그때그때의
수입에 일희일비하지 않는 것이다. 한 달 수입이 88만 원도
안 될 때가 많았다. 그러면 책을 사는 것을 포기하고 대신 집
에서 할 수 있는 일을 하며 지냈다. 수입이 적으면 적은 대로
상황에 맞춰서 생활하는 요령이 생긴 셈이다.

"미술사 전공을 택한 이후로 방황하지 않은 적이 없었던 것 같아
요. 마음은 늘 불안정하고, 내가 뭘 할 수 있는지 불명확하고 불
안했죠. 그런 중에도 좋아하는 공부를 하는 게 위로가 됐어요. 불
안해도 달리 할 수 있는 게 없으니 좋아하는 일을 하는 거죠."

미술계의 열악한 현실에서도 좋아하는 일을 하면서 버

틸 수 있었다는 이 말이 너무 잔인하게 들렸다. 힘들고 고독한 삶의 고통을 글로써 끝까지 감내하리라는 마그리트 뒤라스(Marguerite Duras)가 글쓰기를 숙명처럼 여긴 것처럼, 그가 평론을 하는 이유에 대해 다른 무슨 설명이 필요할까 싶었다.

평론의 미래

좋아하는 평론가나 글이 있다면 그건 좋은 일이다. 독자 입장에서는 그 분야에 재미를 붙일 수 있고, 전문화된 정보를 얻을 수도 있다. 자주 찾아보고 팬이 됨을 자처하는 일도 나쁘지 않다. 하지만 그것에 지나친 믿음을 갖는 건 좋은 일만은 아니라고 말한다.

> "때로 사람들이 평론가에게 지나치게 기대하고 사고를 의존하는 것처럼 보여요. 저는 평론과 비평이 작품을 바라보고 예술에 대해 생각하는 하나의 설득력 있는 관점이 되기를 바라지만, 그 관점이 폐쇄적인 체계에서 수용되지는 않았으면 좋겠어요. 독자의 취향에 맞추지는 않더라도, 독자의 호기심과 욕망을 자극하는 글을 쓰고 싶고, 그것이 현재의 미술비평이 지향해야 할 방향이라고 생각해요."

스스로의 글에 대해 어떻게 생각하는지 묻자 돌아온 대

답이다. 글을 업으로 삼아 꾸준히 쓰면서도 그는 자기 글을 언제나 비판적으로 돌아본다고 말한다. 글쓰는 일이 좋아 출판의 형태로 글을 내보고 싶다는 바람도 생겼다. 그동안 의뢰받은 일에만 집중하느라 긴 호흡의 이야기를 풀어보지 못한 아쉬움을 출판으로 대신해보고 싶은 마음이다. "좀 더 파급력 있는 글을 쓰고 발표하고 싶다"는 그의 바람대로 나 또한 그의 글이 좀 더 많은 대중에게 읽히길 바라며, 마음을 담아 응원을 보낸다.

인터뷰 및 정리 | 김현숙

미술 평론가가 되고 싶은 이들에게 건네는
김정현의 마음

1. 기계화된 비판의 수사를 경계할 것

사회적 부조리를 마주하면서 예술의 쓸모를 고민하게 되는 순간이 많은데요. 글쓰기든 그림이든 영화든 자기 매체로 사회적 이슈에 관해 직접적으로 발언하려는 사람들도 점점 많이 보이고요. 그런데 그렇게 나온 사회참여 예술이나 사회비판적인 글이 어설픈 시사평론이나 피상적인 사고에 그치는 걸 보면 조심스러운 생각이 들어요. 사회 문제를 직시하면서도 동시에 제가 다루는 표현 매체에 충실해지고 엄격해지고 싶어요.

2. 감각과 감정의 객관화

비평은 즉흥적인 감상의 기록보다 그런 즉각적·감각적 단서를 반추하며 작품 바깥의 세계로 확장하는 관점의 구축이어야 한다고 봐요. 보기 좋거나 특정 취향에 속하는 쾌적한 것에 대한 말초적 반응을 넘어서, 쾌적하거나 불쾌한 것, 즉각적 감정이나 감각에 대해 시간을 들여 객관화하는 사고가 필요합니다.

3. 산만한 산책자의 시선으로

미술비평은 다른 매체, 문학이나 영화나 음악에 비해 활동성을 요구합니다. 대부분 작품을 집 안에서 감상할 수 없고 전시공간을 부지런히 찾아다녀야 하기 때문이지요. 많은 텍스트를 접하고 사고와 문체를 단련하는 만큼 다양한 공간과 전시와 현상들을 가까이에서 관찰하고 생각하는 습관을 들여야 합니다.

김종환, 도슨트의 마음

누구나 알 법한 피카소, 반 고흐, 모네의 근대회화 시기를 지나 1960년대 이후 현대미술의 시기로 접어들면서 미술은 점점 어려운 것이 되어버렸다. 미술사적 배경과 철학, 문학에 기반한 인문학적 이해가 부족한 이들에게 현대미술은 가파르게 벽을 세우기 시작했다. 미술은 더 이상 시각에만 의존하지 않았으며 '미'의 기준 또한 쉽게 정의할 수 없을 만큼 다양해졌다. 특히 텍스트가 곧 작품이 되는 '개념 미술'의 경우 관객은 한참 동안 전시장에 서서 벽에 쓰인 글만 읽고 돌아와야 하기도 한다. 이처럼 현대 사회에서의 미술과 전시는 시각적 유희보다 정신적 고양에 가까운 장치로 기능한다. 더 이상 즐거운 마음만으로 전시를 접할 수 없게 되면서 관객들은 서서히 미술관으로부터 멀어졌다. 우리 모두에게 도슨트가 절실히 필요한 이유가 바로 그것이다.

라틴어 'Docere'에서 유래한 '도슨트'

'가르치다'라는 뜻의 라틴어 'Docere(도케레)'에서 유래한 '도슨트'는 미술관이나 박물관에서 관객을 대상으로 전시와 작품을 해설해주는 사람을 뜻한다. 전시장에서 관객과 가장 가까이서 소통하며 작품을 보다 풍성하게 관람할 수 있게 해주는 길잡이인 셈이다. 전문용어가 난무하는 현대미술 전시에서 더더욱 중요한 역할이다.

　도슨트는 주로 미술과 전시에 관심 있는 일반인을 자원

봉사나 재능기부의 형태로 모집한다. 비전문인이라는 이유로 미술계에서 소외받기 일쑤였던 도슨트. 이번 기회를 통해 그들의 이야기를 들어보고 싶었다. 누구를 초대할지 고심하던 중 현숙 씨가 어떤 블로거 이야기를 꺼냈다. 꽤 오래 전부터 몇몇 미술관에서 도슨트로 활동해온 사람인데 블로그에 쌓아둔 관람 기록이 어마어마한 것을 보면 심상치 않단다. 우리는 머리를 맞대고 그 블로그를 살펴보기 시작했다. 그가 누구인지 아무런 정보가 없던 우리는 블로그의 공지만 보고 그의 도슨트 투어 시간에 맞춰 직접 방문하기로 했다. '국립현대미술관 토요일 오후 3시 아크람 자타리(Akram Zataari) 전.'

궁금증을 가득 품고 미술관으로 향했다. 드디어 오후 3시, 전시 타이틀이 걸린 문 앞에 선 남성이 큰 목소리로 모두에게 인사를 건넸다. "안녕하세요, 아크람 자타리 전시에 오신 여러분을 환영합니다! 본격적인 해설에 앞서 저도 여러분의 목소리를 듣고 싶습니다." 말하기를 주저하는 이, 즐겁게 대화에 참여하는 이, 나처럼 뒤편에서 눈치만 보는 이⋯. 잠시 동안 작가와 작품에 대한 대화가 자연스레 오간 뒤 마침내 전시장에 입장했다. 또랑한 말투로 능숙하게 관객을 안내하며 작가와 작품을 꼼꼼히 짚어 알려주는 그의 솜씨에 감탄하는 사이 30분이 훌쩍 지나 있었다. 마지막 인사를 건네고 전시장을 빠져나가려는 그. 우리 셋은 누가 먼저랄 것 없이 뛰어가 그를 붙잡고 말했다. "인터뷰 해주세요!"

"전 사실 노출되는 게 싫어요. 그래서 제 블로그에는 개인적인 이야기가 전혀 없어요. 세 분이 처음 인터뷰 제의를 했을 때 실은 뭔가 좋은 느낌이 들었어요. 그래서 인터뷰에 응한다고 했는데 집에 가면서는 '안 할 걸 그랬나' 후회했어요. 그 전에 미술잡지 같은 곳이랑 세 번쯤 인터뷰를 했었는데 딱히 좋은 기억이 아니었거든요. 그래서 이번에도 비슷하려나 생각했다가, 세 분이 미술관까지 와서 절 섭외하는 걸 보고 생각이 바뀌었어요. 그래서 한번 해보자고 마음먹었죠. 미리 보내주신 질문에서 저와 제 역할에 대한 존중이 깔려 있다는 느낌을 받았어요. 전 인터뷰이지만 저도 인터뷰어를 봐야 하는 거잖아요."

우연히 도슨트의 해설을 듣다

회계학과를 나와 마케팅을 전공한 김종환은 그의 표현에 따르자면 '전형적인 상돌이'다. 졸업 후엔 줄곧 대기업에서 일하며 경영대학원까지 다녔다. 무탈한 직장인의 삶이었다. 그러던 어느 날, 우연히 친구를 따라간 국립현대미술관 덕수궁관에서 그는 도슨트의 해설을 듣게 되었다.

"천경자 전시였어요. 도슨트가 작가의 작품에 자주 등장하는 '뱀' 이야기뿐만 아니라 작가의 사적인 이야기까지 자세히 설명해주더라고요. 도슨트를 통해 알게 된 작가와 작품의 스토리가 제 마음에 콕 박힌 거죠. 당시 개인적인 일로 마음이 좋지 않을 때였는데 그 해설을 들으며 큰 위로를 받았어요. 저의 괴로움이 혼자만의 문제가 아니라는 생각이 들면서 공감대도 생겼고요. 누구에게도 말할 수 없는 사연은 모두에게 있는 법이니까요. 그때 생각했어요. 나 또한 저 도슨트의 자리에서 마음을 다친 누군가에게 위안을 주는 역할을 할 수 있지 않을까?"

당시 김종환은 하고 싶다는 마음만 가득했을 뿐, 어떻게 도슨트가 될 수 있는지에 대한 정보가 전혀 없었다. 그래서 무턱대고 국립현대미술관에 전화를 걸어 가장 먼저 일반인도 가능한 일인지 물었다. 도슨트가 직업이라고 생각했기 때문이다. 전화를 받은 사람이 알려준 대로 미술관 홈페이지에 들어가서 도슨트 프로그램을 살펴보니 이미 모집 시기가 지나 있었다.

7개월 뒤 다시 모집 시기가 돌아왔을 때, 김종환은 주저 없이 원서를 냈다. 불안하고 간절한 마음에 틈만 나면 미술관에 전화를 걸었다. 담당자가 아예 이름을 외울 만큼 "저는 이번에 도슨트로 지원한 김종환인데요"를 반복했다. 이름을 알리기 위한 나름의 전략이었다. 다행히 서류심사를 통과해 면접을 보러 갔다. 생각보다 경쟁률이 세고 질문의 난이도가 높아 면접 내내 긴장의 끈을 놓을 수 없었다. 심사위원들은 도슨트에 지원한 동기를 물은 다음 아무 작품 혹은 작가를 택해서 1분 동안 설명을 해보라고 했다. 질문에 대비를 해두지 않앉던 김종환은 버벅거리면서도 기억을 더듬어 예전 광주 비엔날레에서 본 적이 있는 서도호 작가의 작품을 열심히 설명했다. 이런 그에 비해 다른 이들은 미리 준비해온 듯 술술 해설을 읊었다. 김종환은 미숙한 스스로를 탓하면서도 기대를 버리지 않고 결과가 나오기만을 기다렸다. 몇 주 뒤, 드디어 연락이 왔다.

"합격! 다행히 심사위원들은 이미 갖춰진 실력보다도 순발력이 보고 싶었던 것 같아요. 그리고 이런 급작스러운 상황에서 끝까지 설명을 이어갈 수 있는지도요. 나중에 들었는데, 이 사람이 도슨트로서 자질을 갖췄는가보다는 이 일에 꾸준히 성실하게 임할 수 있는가를 중요한 심사 항목으로 여긴다고 하더라고요. 그래서인지 교사 출신이 여럿 있어요. 최근 합격자를 보면 연령층이 많이 낮아졌어요. 5년 전엔 취미나 봉사로 하는 사람들이 많았다면, 지금은 경력을 쌓기 위해 거치는 과정으로 지원하는 경향도 있어요. 어쨌든 팁을 드리자면, 완벽함보다는 성실함을 어필하세요."

매주 토요일마다 세 시간씩, 10주에 걸쳐 도슨트 교육을 받았다. 그렇게 도슨트로서 첫 발을 뗐다.

"그때 교육 시간이 참 좋았어요. 첫날 '도슨트란 무엇인가'부터 시작해 국립현대미술관의 역사도 배웠고요. 외부 선생님들도 많

이 와서 미술사를 가르쳤는데 아주 재밌게 공부했어요. 당시엔 스무 명씩 1년에 총 두 번 사람을 뽑았고, 10회 교육 중 여덟 번 이상 참여하면 수료할 수 있었죠. 그러고 나면 정식 도슨트가 되는 거예요. 그때 함께 들어왔던 스무 명 중에 지금까지 활동하는 사람은 네 명 정도 돼요."

자원봉사 뒤에 가려진 것들

벌써 6년 차인 베테랑 도슨트 김종환. 국립현대미술관에서 〈거대서사〉(2013) 전시를 시작으로 〈인도 중국 현대 미술전〉(2013), 〈젊은모색 2014〉(2014), 〈달은, 차고, 이지러진다〉(2016), 〈이집트 초현실주의자들〉(2017), 〈리처드 해밀턴〉(2017), 〈아크람 자타리〉(2018) 전 등의 도슨트를 맡았다.

5년 동안 본업과 도슨트라는 활동을 꾸준히 병행해온 그에게 대뜸 소감을 물었다. 표정만으로도 그의 복잡한 감정을 엿볼 수 있었다. 도슨트를 하기 전에 가졌던 막연한 기대와 환상이 깨지게 된 가장 큰 이유는 미술관과 미술계의 무심함에 있었다. 분명 시간과 에너지를 쓰면서 매 주말마다 자발적으로 봉사하는데도 좋은 대우는커녕 기본적인 대우조차 받기 힘들었다. '이 기관, 더 넓게는 이 미술계에서 내 역할은 대체 무엇일까? 이들은 나에게 무엇을 기대하는 걸까?'라는 의문이 꼬리에 꼬리를 물었다. 매 주말마다 도슨트 일을, 차비와

도슨트의 마음

점심 값밖에 되지 않는 금액을 받아가며 꾸준히 해왔지만 마음 한구석의 아쉬움을 떨쳐내기란 쉽지 않았다. 그럴 때마다 김종환은 자신의 일이 '자원봉사'라는 점을 되새겼다.

"제가 바르게 살긴 하지만 착하진 않거든요. 도슨트 일을 하기로 마음먹었을 때, 저는 그저 미술관의 전시를 대중에게 설명하는 일을 하고 싶었을 뿐 '자원봉사자'라는 역할에 대해서는 한 번도 생각해본 적이 없었어요. 자원봉사라는 건 자의로 누군가를 돕고자 하는 '착한' 행위잖아요. 병원에서 휠체어를 밀어주거나 길거리를 청소하는 것, 그런 것만 자원봉사라고 생각했어요. 내가 나를 위해 하는 행동은 자원봉사가 아니니까요. 그런데 어쩌면 '도슨트'라는 순수한 일을 통해 태어나서 처음으로 '착한 행동'을 할 수도 있을 거라는 생각이 들었어요. 제가 생각하는 도슨트는 전시 의도나 작가, 작품을 공부해 관람객이 이해할 수 있는 언어로 전달하기 위해 노력하는 자원봉사자예요. 사실 전 전시를 보고 난 후 미술관에 민원을 자주 넣는 편이에요. 제가 옳다고 생각하기 때문이죠. 하지만 그럴 때마다 스스로 되물어요. 내가 정말 자원봉사자로서의 인격적 자질을 갖추고 있는 사람일까? 남들은 그냥 넘어갈 수 있는 걸 왜 나는 지나치지 못할까? 저 스스로뿐만 아니라 다른 도슨트들을 보면서도 자원봉사자의 자질에 대해 생각해요. 남의 행동에 나를 비춰보면서 늘 '자원봉사자'로서의 마음가짐을 놓지 않으려고 해요. 배려하려고 노력하죠. 미술관 안에서만이 아니라 밖에서도, 도슨트 해설을 하지 않을 때도요."

미술관은 수익을 내기 위한 목적으로 만들어진 공간이 아니다. 정부 기관의 후원과 지원이 없으면 운영 자체가 힘들기 때문에 전시에 꼭 필요한 소수의 인력에만 소정의 임금을 지불한다. 도슨트는 그마저도 제공받지 못하는 경우이다. 미술에 애정이 있는 이들과 취업에 목마른 예술대 학생에게 '당신도 어렵지 않게 이 전시의 일부가 될 수 있습니다'와 같은 미끼를 던져 자원봉사나 재능기부라는 구실로 개인의 '착함'과 '성실함'을 강요한다. 이러한 모순이 미술계 밖 비즈니스 생리에 빠삭한 김종환을 끊임없이 의아하게 만들곤 했다.

"저는 절대 도슨트가 직업이라고 생각하지 않아요. 하지만 왜 꼭 도슨트만 직업이 아닌 자원봉사여야 하는가? 이건 미술관에 던져야 할 질문이에요. 만약에 제가 이걸 직업이라고 여겼다면 돈, 즉 임금을 먼저 따질 것 같아요. 자원봉사이기 때문에 그 부분을 전혀 고려하지 않는 것뿐이죠. 이 일은 저에게 정신적인 만족감을 줘요. 제가 남에게 긍정적인 영향을 주잖아요. 저 또한 스스로를 멋지게 포장할 수도 있고요. 말로 표현하기 힘든 희열이 있어요. 아마 많은 도슨트들이 그런 이유로 계속 일하는 걸 거예요. 내가 좋아서 하는 일에서 얻는 기쁨이 있기 때문이죠. 결국은 내가 좋아서, 나를 위해서 하는 거예요."

보고 기록하는 기억의 미술관

김종환의 블로그 〈기억의 미술관〉에는 2008년부터 그가 본 모든 전시를 꼼꼼히 기록한 사진 자료가 빠짐없이 올라가 있다. 전공자도 수집하기 힘든 어마어마한 양이다. 종종 젊은 작가들이 블로그에 방문해 그가 찍은 전시 사진을 감상하기도 하고 본인의 전시를 기록으로 남겨준 것에 대한 감사를 표하기도 한다. 블로그 운영에 대한 그의 애착은 전시 관람에 대한 애정과도 맞닿아 있다.

"회사생활을 하든 다른 일을 하든, 사실 일상은 그저 반복되기 마련이에요. 새로움이 별로 없죠. 반면에 전시는 매번 새롭잖아요. 이런 점에서 가장 큰 매력을 느껴요. 새로움을 배우는 것에 대한 의지가 저에게 내재되어 있는 것 같아요. 이것이 제가 꾸준히 전시를 보는 이유예요. 제 일상의 원동력이죠. 언제 한번은 전시해설을 마치고 미술관을 나서는데 어르신 한 분이 '현대미술은 그냥 봐서는 이해할 수가 없어요'라며 말을 걸어왔어요. 알고 싶다, 이해하고 싶다는 열정과 욕망이 스트레스로 변질된 듯한 표정이었죠. 제가 이렇게 말했어요. '이해하려고 하지 말고 많이 보세요.' 관람객과 대화할 기회가 있을 때마다 제가 늘 하는 말이에요. '많이 보세요. 전시해설도 들으세요. '예쁘다'라고 반응하는 것도 좋아요. 그냥 많이 보세요.'"

도슨트의 마음

김종환만의 도슨트 노하우를 물었다. 그도 초반엔 미술관이 제공하는 텍스트를 충실히 익혀 거기서 벗어나지 않는 해설을 하려고 노력했다. 하지만 지금은 전시 오픈 한 달 전부터 스스로 관련 자료를 찾아 공부하고, 머릿속에 넣어 '나의 언어'로 소화한 후 관객에게 전달한다. 이 전시 얼개가 뭐지? 작품 내용이 뭐지? 작가가 하고 싶은 말, 큐레이터가 하고 싶은 말이 뭐지? 내가 그들의 언어를 제대로 이해했나? 왜 설치를 이렇게 하지? 어떤 의미가 담겨 있는 거지? 끊임없이 자문하고 탐구한다.

"도슨트의 책무는 기획자와 작가의 의도를 정확하게 관객에게 전달하는 것이죠. 하지만 거기에 추가적으로 도슨트 본인의 경험과 지식이 보태진다면 분명 내용이 한층 더 풍부해질 거라고 봐요. 주어진 텍스트를 달달 외워서 얻은 지식이 아니라 제 시간과 노력을 들여 충분히 소화한 내용들이기에 어떤 질문이 들어와도 망설임 없이 대답할 수 있는 자신감도 생기고요. 대신 여기서 중요한 점은 사실에 기반한 내용만을 관객에게 제공해야 한다는 거예요. 내가 꺼낸 이야기와 작품, 작가를 누군가는 계속해서 기억할 테니 절대 틀린 내용을 전달하면 안 된다는 책임감을 꼭 가져야 해요. 그래서 도슨트 도중 개인적인 의견이나 감상을 섞지 않도록 조심하죠. 혹시 그런 경우가 생겨도 '이건 제 의견입니다'라는 걸 꼭 밝혀야 하고요. 인터넷에 떠돌아다니는 '-카더라' 식의 글보다는 책이나 논문, 신문기사처럼 공신력 있는 자료를 참고하려고 해요."

김종환은 관람객 앞에 서기 전, 1인극을 하듯 대사를 짜서 거울을 보고 연습한다. 적절한 순간에 필요한 유머와 동작도 섞고 관객의 관심이 분산되지 않도록 동선을 짠다. 무엇보다 늘 본인의 경험을 초반에 관객과 공유함으로써 이 시간이 일방적인 해설이 아닌 대화가 오갈 수 있는 시간임을 넌지시 일러준다.

"저만의 필살기도 있어요. 해설 초반에 관람객에게 말 걸기를 시도하는 겁니다. 〈아크람 자타리〉 전에선 이렇게 시작했어요. '본격적인 해설에 앞서 저도 여러분의 목소리를 듣고 싶습니다. 화두는 '수집'입니다. 저부터 시작하겠습니다. 저는 전시장에서 사진을 찍어 블로그에 올립니다.' 그러고 나서 관람객들이 각자 자기 이야기를 할 수 있도록 유도하죠. 또 하나, 대개 도슨트들은 마지막 해설을 하고 '오늘 해설은 여기까지입니다' 식으로 마치는 경우가 많은데, 저는 '전시를 정리해드리겠습니다'로 시작해서 걸어온 동선대로 전시를 다시 살피고 전시 의의를 되짚는 시간을 갖습니다. 해설 초중반에 이해하기 힘들어했던 관람객들도 이 시간에 고개를 끄덕이는 걸 자주 봐요."

도슨트의 마음

김종환,

도슨트의 마음

앞으로 하고 싶은 일이 있다면?

벌써 미술계에서 6년이나 꾸준히 활동해온 도슨트 김종환에 게는 이루지 못한 바람 하나가 있다. 서울대, 홍대 계열의 미술계 카르텔에 속하지 않는, 그렇지만 누구보다 열심히 작업하는 작가들을 발굴해서 그들에 대한 책을 쓰고 싶다는 바람이다. 작품은 좋은데 기회가 주어지지 않거나 생계 때문에 아르바이트를 겸하며 작업에 충실해지지 못하는 경우를 숱하게 접했다. 그런 젊은 작가들을 인터뷰하고 그들의 작업을 기록해서 책으로 만들고 싶다는 마음이 최근 몇 년 전까지 있었다.

"고리타분한 한국, 아니 서울 미술계의 카르텔을 깨부수는 게 사회적으로 참 의미 있는 일이지 않을까? 책을 만든다 해도 작가들과 저에게 경제적 도움은 안 되겠지만 유의미한 일이지 않을까? 그런 생각들을 했죠. 지금은 접었어요. 시작하려면 제대로 하고 싶었거든요. 1권에 열 명, 2권에 다른 열 명, 이런 식으로 쭉. 그런데 지금 상황에서 '전 이런 사람인데요. 도슨트를 하고 블로그를 운영합니다'라는 말로 작가들에게 인터뷰를 요청하는 것이 얼마나 통하겠어요? 일반적인 루트가 아니잖아요. 갤러리에서 일을 하거나, 문체부 같은 기관에 들어가 일을 하거나, 아님 미술 전문 기자를 해야 할 것 같더라고요. 미술업계에 종사하지 않는 이상 무리죠."

인터뷰를 마친 뒤 우리는 국립현대미술관 곳곳에서 김종환의 얼굴을 사진에 담았다. 『미술하는 마음』에 초대한 아홉 명의 인터뷰이 중 유일하게 도슨트 김종환만을 대한민국 수도 서울의 대표격 미술관인 이곳에서 만났다. 어렵고 난해한 현대미술 전시와 관객 사이를 오가며 누구보다 성실한 역할을 맡고 있지만 미술을 전공하지 않았다는 이유로, 혹은 자원봉사자라는 이유로 도슨트의 이야기는 정작 미술계에서 제대로 다뤄진 적이 없다. 요즘 미술관은 관객 참여형 미술, 커뮤니티 미술, 소통 미술, 관계 미술 등의 수식어를 붙여 대중의 참여를 적극적으로 유도하는 추세다. 하지만 과연 미술이 이해 가능한 언어로 대중에게 말을 걸었는지에는 아주 큰 의문이 든다. 전시는 관객, 즉 보는 이가 있어야만 비로소 완성된다. 이때 전문가와 관객 사이를 오가며 대화를 중재하고 이끌어가는 이가 바로 도슨트다. 귀한 역할이다. 때문에 이들에 대한 미술계 내부 인식의 변화가 필요함은 물론이고 안정된 제도적 기반 또한 보다 튼튼해져야 하지 않을까 생각한다. 김종환과 같이 미술에 꾸준한 지지와 애정을 보내는 이들의 선한 의지와 마음이 업계에 대한 실망으로 사라지지 않도록.

"플라토에서 열린 엘름그린 & 드라그셋(Elmgreen & Draqset)의 전시 〈천 개의 플라토 공항〉 도슨트를 하고 있을 때였어요. 어떤 관람객이 휠체어에 풍선이 매달린 〈벌스데이〉라는 작품을 보더니 눈물을 흘리더라고요. 제 해설을 듣고 유독 깊게 감정이입을 했던 것 같아요. 그분을 다시 만나고 싶어 제 블로그에 관람객을 찾는다는 글을 올린 적도 있어요. 아마 제가 맨 처음 천경자 전시를 봤을 때 도슨트에게서 받았던 인상을 그분도 저에게 받은 것이 아닌가 싶은 생각이 들었어요. 나중에 밥이라도 사드리고 싶었는데…. 보통 관람객이 저한테 직접 좋았다고 이야기하는 경우는 되게 드물어요. 누군가로부터 전해듣는 경우가 많죠. 도슨트를 마치고 나올 때 미술관 스태프가 저한테 와서 말해줘요. '누가 선생님의 이름을 물어보고 갔어요. 참 좋았대요.' 그게 좋아요. 정말 제가 좋아서 하는 거예요, 도슨트 '자원봉사'."

인터뷰 및 정리 | 용선미

도슨트가 되고 싶은 이들에게 건네는
김종환의 마음

1. 나만의 시그니처를 만들어보세요.

인터뷰에서 언급했듯이 저는 도슨트를 할 때 관람객들에게 먼저 제 이야기를 공유하고 나서 질문을 던집니다. 나와 상대방이 어떠한 내용을 공유하고 또 공감하고 있다는 생각이 들면 처음 본 사람이라도 매우 가깝게 느껴지곤 하잖아요. 꼭 저처럼 할 필요는 없지만, 관객의 이목을 끌고 집중을 지속시킬 수 있을 만한 자기만의 도슨트 기술이나 전략을 마련하는 것이 중요해요.

2. 적극적으로 전시에 대한 정보를 수집하고 숙지하세요.

큐레이터가 도록에 쓴 서문이나 도슨트들을 위해 준비한 해설집 외에도 적극적으로 자기가 맡은 전시의 정보를 찾아 공부하는 게 중요해요. 전문가의 말과 글도 물론 중요하지만 관객의 입장에서 흥미롭게 여길 수 있는 이야깃거리를 알아두면 분명 필요할 때가 있어요. 해설 중간에 관객의 집중도가 흐트러졌을 때 하나씩 던지는 거죠.

3. 질문하는 것을 주저하지 마세요.

모르는 것은 부끄러운 일이 아닙니다. 우리는 미술에 대해 더 많이 알고 싶고 더 많이 보고 싶기 때문에 미술관을 찾는 거잖아요. 현대미술의 언어가 어렵다고 해서 쉽게 포기하지 마세요! 궁금한 점이 있으면 해당 전시의 큐레이터에게 문의를 하거나 도슨트에게 말을 걸어보세요. 혹은 SNS를 통해서 작가에게 직접 연락을 취해 작품에 대한 궁금증을 해소하는 것도 방법이에요.

조자현, 회화 보존 전문가의 마음

외부 동향에 민감한 미술계 안에선 무엇이든 빠르게 돌아간다. 전시도 교육 프로그램도 사람들과의 소통에 민감하게 반응한다. 하지만 이런 변화에도 아랑곳 않고 온전한 제 속도로 흘러가는 곳이 있다. 바로 보존처리다. 상대적으로 외부 노출이 적은 탓에 회화 보존 전문가라는 직업이 낯설게 느껴질 수도 있겠지만, 우리에게 피렌체 두오모를 낭만적인 이미지로 만들어줬던 영화 〈냉정과 열정 사이〉를 떠올려보면 그리 낯설기만 한 일도 아니다. 평평한 캔버스 위에 작은 붓질 하나로 작품이 지나온 긴 시간을 온몸으로 마주하고 있는 모습이란…. 그 어떤 작은 바람에도 흔들릴 것 같지 않은 이미지다. 그래서였을까. 적어도 나에겐 회화 보존 전문가라는 직업은 다소 고루하게 느껴지기도 했다. 미술관에서 일하더라도 크게 마주칠 일이 없을 거라고 생각했던, 멀게만 느껴지던 분야였다.

하지만 이런 생각은 한순간에 무너졌다. 미술관에서 소장 작품을 맡아 일한 적이 있다. 4,000점이 넘는 작품들을 하나하나 점검하고, 소장작품들이 들어오고 나가는 모든 과정을 지켜보았다. 비록 내가 한 일이 회화 보존 전문가의 일과 같다고는 할 수 없으나 작품을 최적의 상태로 보존하고 유지하는 일이 얼마나 중요하고 절대적인지 깨달았다. 잘 보존된 작품 없이는 전시도 프로그램도 없다. 절대적으로 필요하지만 대중에게 노출이 적은 직업. 겉으로 드러나지 않지만 보이지 않는 곳에서 사명감을 가지고 일하는 회화 보존 전문가들은 그야말로 최정예에 속한다.

회화 보존 전문가의 마음

아홉 명의 인터뷰이 리스트에 회화 보존 전문가를 넣기로 결정한 뒤 선미 씨가 단체방에 링크를 하나 공유했다. 송은 아트 스페이스에서 진행되는 '미술품 예방 보존과 예술법'이라는 주제의 강의 링크였다. 들어가 보니 '미술품 예방 보존' 분야 강연자가 회화 보존 전문가 조자현이었다. 어디서부터 어떻게 이야기를 시작해 인터뷰를 이끌어가야 할지 막막하기만 했던 우리에게 그러면 보존에 대한 얘기들을 잘 풀어줄 수 있을 것 같았다. 조자현은 제나미술품보존연구소(Zena Art Conservation) 대표이자 온라인 플랫폼 '미팅룸'의 작품보존복원 디렉터이다. 강의와 책 『미술품 유통가이드』를 통해 보존처리의 상황과 예방보존의 중요성을 알리려 노력하고 있다. 상대적으로 연륜을 중요시하는 보존업계에선 아직 자리를 잡아가고 있는 단계지만 햇수로는 벌써 9년 차다.

서울 강남 논현동에 위치한 한 건물 입구에서 'ZENA'라고 적힌 조그마한 문패를 찾았다. 크지 않은 공간 안에 생소한 도구들이 빼곡했다. 보존용 전문 물감과 안료들로 가득한 작업대와 화학용품처럼 보이는 용기들이 즐비한 선반들이 벽을 감싸고 있었다. 우리가 찾았을 땐 보존작업이 진행 중이었기에 움직이는 일뿐만 아니라 사진 촬영도 제한되었다. 수술실을 연상케 하는 갖가지 생소한 도구와 재료들이 조그만 공간 안에 가득 차 있는 곳. 물건들 하나하나가 그 공간의 주인인 양 존재하는 곳. 정갈하게 꾸며진 사무실 안으로 들어섰을 땐, 이 공간의 주인이 얼마나 깔끔한 성격의 소유자인지를 단박에 알 수 있었다.

전문적인 일

조자현은 아주 어렸을 때부터 그림을 그렸다. 상도 곧잘 타고 잘 그린다는 얘기도 들어 미술에 소질이 있다고 생각했다. 의심 한번 없이 미술이 내 길이라 생각해 예원학교에 진학했고 그림으로 대학도 갔다. 친구를 따라 잠시 공예를 공부하기도 했지만, 오히려 그 덕에 그림을 놓을 수 없단 걸 알았다. 진로를 고민할 때, 가장 중요하게 생각했던 것은 오랫동안 갈고 닦은 실기 실력을 살릴 수 있으면서도 전문 분야를 개척해나가는 일을 찾는 것이었다. 그러던 중 대학원에 개설된 보존학개론 수업이 눈에 들어왔다. 타과 수업이었지만 청강을 하고, 실무에선 어떤 일을 하는지 궁금해 국립현대미술관 보존회화실에 인턴으로 들어갔다.

국립현대미술관은 현재 보존처리 전문가가 상주해 있는 몇 안 되는 미술관이다. 운 좋게도 그곳에서 만난 사수가 영국에서 보존처리를 공부하고 온 사람이었다. 그에게 많은 도움을 받았다. 결정적으로, 우리나라에는 보존에 관한 정보도 많지 않고 전문화된 교육 시스템도 부재하니 일을 계속하고 싶다면 유학이 필수라는 말을 들었다. 해외에 나가 공부하겠다는 생각을 한 번도 해본 적 없는 그에게는 다소 당혹스런 조언이었다. 하지만 이제야 적성에 맞는 일을 찾은 것 같은데, 고작 유학 때문에 포기할 마음은 없었다. 결국 인턴 실습을 하며 논문을 쓰던 대학원 마지막 학기에, 유학 준비를 병행하기로 결심했다. 지금이야 인터넷을 통해 유학 정보를 쉽게 찾을 수 있지만, 당시엔 필요한 정보를 구하기 어려워 발품을 팔아 물어보고 다닐 수밖에 없었다.

그때를 가장 열심히 살았던 때로 기억할 만큼 버거운 시간을 보냈다. 유학을 준비하는 일은 만만치 않았다. 미술에 대한 이해만 있으면 되는 줄 알았는데, 공부해야 할 것들이 엄청 많았다. 예를 들면, 화학에 대한 지식을 요구하는데 그 깊이가 무척 전문적이어서 도중에 포기할까 고민했을 정도다. 하지만 화학은 재료의 물성을 이해하기 위한 가장 기초적이고 필수적인 단계에 해당하기 때문에 이 분야를 공부하기로 결심했을 때 다른 선택권은 없었다. 포기하지 않고 부족한 부분은 강의를 찾아 들으며 하나씩 보충해나갔다.

"케임브리지(University of Cambridge), 코톨드(Courtauld Institute of Art), 노섬브리아(Northumbria University), 영국에서 회화보존학회를 하면 이 세 학교가 매년 돌아가면서 해요. 코톨드 출신 게리 헤들리(Gerry Hedley)를 기리는 학회예요. 케임브리지는 2년에 한 번 뽑고, 코톨드는 3년 과정이었어요. 노섬브리아는 서양회화복원과 지류회화복원 두 가지로 나눠서 일곱 명씩 뽑았어요. 화학, 색맹, 영어 인터뷰 시험으로 진행돼요. 화학 베이스가 없는 수업은 온라인 수업을 추천해줘요. 그 수업을 이수해야 돼요. 색맹 시험은 색맞춤할 때 객관적인 색을 맞춰야 하기 때문에 필요하고요. 준비 시간이 꽤 오래 걸렸죠. 근데 그때 당시엔 뭐에 이끌린 듯이 그냥 열심히 했던 것 같아요."

해외 여러 기관에는 보존처리 전문가를 양성하는 전문 교육 시스템이나 프로그램이 비교적 잘 갖춰져 있는 편이다. 그 영역도 다양해 전문 분야를 선택해 전공으로 심화할 수도 있다. 또한 미술기관이나 사설업체 등을 통해서 배운 지식을 실습하거나 활용할 수 있는 기회도 주어진다. 다만, 각 나라마다 방점을 두는 영역이 다르기 때문에 잘 선택해야 한다. 예를 들면, 이탈리아와 일본은 옛날 방식을 많이 고수하기 때문에 기본을 배우기엔 적합할지 몰라도 현대미술을 하려고 한다면 괴리감이 느껴진다는 게 객관적 평가라고 한다. 요즘은 새로운 재료들도 많이 발표되고 있어 영국이나 미국 학회, 네덜란드에서는 그런 흐름을 수용해 연구하고 있는 추세다.

조자현은 유화보존복원과 현대회화에 대한 연구를 해보자는 마음으로 영국 유학을 결심했다. 준비 과정만 1년. 인터뷰도 현지에서 보는 노력을 보였다. 노섬브리아 대학을 목표로 화학 시험, 색맹 테스트, 영어 인터뷰를 치르고 나니 합격했다는 통지가 날아왔다.

표면이 아닌 깊이를 탐구하는 일

그는 작업에 대한 설명을 하기 전에 사진을 보면 이해가 더

잘 될 거라면서 컴퓨터를 열어 사진 몇 장을 보여줬다. 그동안 작업해온 회화작품 사진이었는데, 우리가 평소에 보아온 작품이 맞나 싶을 정도로 생경했다. 일반광, 적외선, 자외선, 역광, 측광 등 다양하게 찍은 사진들이라 원본이 어떻게 생겼는지 가늠하기 어려울 정도였다. '촬영은 작업을 맡게 되면 가장 먼저 하는 일'이라는 설명을 덧붙였다. 그 사진들이 말해주는 건 꽤나 중요한 정보들이다. 빛의 방향과 종류에 따라서 보이는 부분이 다르기에 과거에 색맞춤이나 복원이 있었던 부위를 확인할 수 있어서다. 이전에 어떤 작업을 했는지를 살펴보는 것은, 앞으로 어떻게 복원 작업을 할 것인지를 판단하는 척도가 된다. 이 회화작품이 어떻게 그려졌고, 이후에 뭐가 덧씌워졌으며, 어떻게 복원했는지를 알아야 그 위에 무엇을 더할지 알 수 있기 때문이다.

"그림 구조를 모르는 사람들이 보면 그림은 평면이고, 보이는 표면도 물감이나 바니시 정도잖아요. 그런데 회화 보존가들이 작품을 볼 때는 작품 구조를 아래서부터 관찰해요. 레이어층을 보는 거죠. 시작은 액자부터 해야 돼요. 액자 다음에 나무틀, 캔버스, 드로잉층, 이렇게 나아가요. 구조를 읽는 연습이 필요해요."

표면만 봐서는 얼마나 훼손됐는지, 복원하기까지 얼마나 걸리는지를 가늠할 수 없다. 겉보기에 훼손되지 않은 것처럼 보여도 레이어층을 거슬러 올라가보면 생각지도 못하게

회화 보존 전문가의 마음

많이 손상된 경우를 발견할 때도 있기 때문이다. 작업 의뢰가 들어오면 작업에 착수하기 전에 이 단계를 꼭 거쳐야 하는데 작업마다 걸리는 시간이 천차만별이다. 기본 조사를 다 끝낸 다음에야 어디서부터 얼마만큼 복원할지를 결정하고 작업에 착수할 수 있게 된다.

일반인들은 겉으로 보기에 좋아 보이면 된다고 생각하기 때문에 표면에 덧칠만 하면 된다고 단순하게 생각하기 십상이다. 하지만 보존처리는 고장난 물건 고치듯 금방 수리되는 일이 아니라 조사와 연구를 거쳐야 하는, 꽤 많은 시간이 요구되는 작업이다. 게다가 본작업에 들어가면 사용된 물감의 종류, 그려진 방식 등등 하나하나 세심하게 신경 써야 할 것도 많고, 고도의 집중력과 전문화된 스킬도 필요하다. 그래서 가격이 높을 수밖에 없다.

하지만 이런 과정을 모르다 보니 처음 의뢰를 맡긴 사람들은 예상치 못한 가격에 놀라기도 한다. 이 때문에 모든 과정을 일일이 기록해서 의뢰인에게 공유하려고 노력한다. 최대한 모든 과정을 투명하게 공개해 의뢰인을 이해시키기 위함이다. 작업에 착수하기 전에 어떤 과정을 거쳤고, 거기서 무엇이 발견되었으며, 그에 필요한 적절한 대책이 무엇인지 빠짐없이 기록해서 제시한다. 거기까지가 1차 단계다.

"보존처리의 처음, 중간, 마지막을 다 기록해요. 보존처리 보고서까지 다 써서 드리죠. 간혹 보고서를 안 주는 경우도 있다던데,

보고서는 투명하게 공유되는 게 맞아요."

의뢰인도 보존처리 전문가를 믿고 기다려주는 것이 전적으로 필요하다. 시간이 걸리는 일이니 채근하거나 강요하지 말고 모르는 부분이 있을 땐 그 자리에서 물어보는 게 좋다. 의뢰인에게 설명하기 위해 노력하는 복원가의 태도만큼이나 의뢰인에게도 역시 그 과정이 요구된다. 무엇보다 의뢰인과 복원가 사이에 신뢰가 중요하다.

작품에 새 생명을 불어넣는 일

연구와 조사를 통해 판단이 서고, 의뢰인과 조율이 잘 되었을 때 비로소 작업에 착수할 수 있다. 그때 필요한 것은 다름 아닌 손기술이다. 수술 도구를 연상시키는 그의 도구들은 실제로 복원에 필요한 것들이다. 흉부외과 의사인 아버지의 영향으로 어렸을 때부터 그는 도구를 다루고 연마하는 기술을 비교적 쉽게 익혔다.

복원 작업은 대상 분야마다 물성이 달라 쓰이는 도구도 각기 다르다. 상대적으로 세밀한 기술을 요하는 회화작업의 경우 그 도구가 작고 예리하다. 그렇기 때문에 각 분야를 넘나들면서 장르 구분 없이 작업을 한다는 것은 사실상 불가능하다.

회화 보존 전문가의 마음

"회화보존을 전공한 사람은 조각보존을 할 수 없고, 조각보존을 하는 사람은 회화보존을 할 수 없어요. 분야가 너무 달라요. 피부과 의사가 산부인과 의사를 할 수 없는 것처럼요."

아직도 그는 처음으로 두 손에 도구를 쥐었던 순간을 잊지 못한다. 커리큘럼상 이론수업이 끝나면 실습할 수 있는 기회가 주어지는데, 그때가 되면 학교에서 지역의 소장자들을 학생들과 연결시켜준다. 학생들이 스스로 경험해볼 수 있도록 기회를 제공하는 것이다. 당시 그가 맡았던 회화는 뉴캐슬 지역에 있는 어느 개인소장가의 작품으로 20세기 남자 초상화였다. 각 학생에게 주어진 작품들은 주제도 다르고 훼손된 범위도 제각각이라 처음부터 끝까지 혼자 판단하고 결정해서 수복 설계를 해야 한다. 예를 들면, 미니멀 트리트먼트(minimal treatment)와 풀 트리트먼트(full treatment) 중에서 어떤 방식을 택할지 판단해야 한다. 미니멀 트리트먼트는 작품에서 가장 시급한 부분만 처리하는 방식이고, 풀 트리트먼트는 시급한 것부터 시작해서 내가 할 수 있는 모든 것을 다 하는 것을 일컫는 용어다. 미니멀 트리트먼트는 복원, 풀 트리트먼트는 복원과 보존, 예방보존까지 포함하는 개념이라고 이해하면 쉽다. 작품을 맡으면 맨 먼저 이 두 가지 방법 모두를 염두에 두고 계획을 세우는 것이 필요하다. 앞으로 일어날 작품의 손상을 막기 위해 보존처리 전문가들은 풀 트리트먼트를 선호하는 편이지만, 현장에서는 가격이나 의뢰인의 사정에 따라 할 수 있는 일의 범위가 결정된다. 그래서 이런 훈련이 스스로 작업을 컨트롤할 수 있는 능력을 기르는 데 많은 도움이 된다. 그 과정을 거쳐 몇 날 혹은 몇 개월간 수작업으로 완성한 작품을 마주했을 때, 새 생명을 불어넣은 것 같은 기분에 매번 이 일이 즐겁다고 말한다.

자신과 타협하지 않는 덕목

그는 '힘들었다'는 말을 차분하게 할 정도로 감정을 드러내지 않는 조용한 성격이다. 그래서 혼자 한 공간에 앉아 작업하는 일이 특별히 어렵게 느껴진 적은 없다. 원래 꼼꼼한 성격이다 보니 집중력이 필요한 일에 강한 편이고, 매너리즘을 느낄 새도 없이 한번 작업에 빠지면 몰입하는 성향이다. 게다가 살아 있는 생명은 아니어도 작품에 새 생명을 불어넣는 일이라 책임감과 사명감을 느끼면서 이 일을 지속해왔다.

일반적으로 보존, 복원 업무라고 하면 한 자리에 장시간 앉아 섬세한 작업을 진행하는 일, 즉 인내심과 집중력을 요하는 직업으로 알려져 있다. 맞는 말이다. 인고의 과정을 즐길 줄 알아야 하기에 성격 급한 사람이나 자리에 오래 앉아 있지 못하는 사람에게는 이 일을 추천하지 않는다.

"사실 성격이 제일 중요해요. 급하면 될 작업도 안 돼요."

조자현,

회화 보존 전문가의 마음

게다가 오랜 시간을 투자한다고 해서 드라마틱한 변화가 있는 게 아니니 무엇보다 결과물만이 아닌 과정을 즐길 줄 알아야 한다. 하지만 그것이 전부가 아니라고 말한다. 보존 전문가로서 가장 중요한 자질이 무엇이냐고 물었을 때 돌아온 것은 뜻밖의 대답이었다. 바로 윤리의식이다.

"의뢰를 받다 보면 작품에 대한 인식과 개념 없이 접근하는 사람들을 많이 만나요. 감쪽같이 해달라고 하는 사람들이 진짜 무서운 거예요. 감쪽같이 할 수 있죠. 근데 감쪽같이 하려면 아예 그림을 뒤덮어야 돼요. 크랙이 두드러지는 경우 보강을 해도 티가 나요. 그런데 잘 모르시는 분들은 그냥 덧칠을 해버려요. 그러면 안 돼요. 작품에 대한 윤리적인 면이 있기 때문이에요. 안 되겠다 싶은 건 아예 안 해요. 크랙이 많은 경우, 작품의 건강에는 문제가 없는데, 보기엔 안 좋은 경우가 있어요. 색맞춤을 많이 한다고 다 좋은 건 아니거든요. 너무 많은 크랙이 있는 경우는 그걸 작품 자체로 인정을 해야죠."

나 또한 미술관에서 일하면서 작품이 수복 전의 상태와 비교해서 큰 변화 없이 돌아온 경우를 본 적 있다. 이유인즉, 모든 균열 사이의 틈을 메워버리면 아예 물감으로 다 덮어버리게 되는 셈인데, 그렇게 되면 원본 작품으로서의 의미를 잃게 된다는 것이었다. 시간의 흔적을 그대로 두는 것 또한 작품의 가치를 온전하게 유지하고 존중해주는 일이라고 했다.

사실 무엇을 배우고 테크닉을 익히는 것은 시간과 노력을 투자하면 전혀 불가능한 일은 아니다. 하기 싫은 일도 계속하다 보면 그 가치와 의미를 발견할 때도 있다. 하지만 윤리의식은 다르다. 매 순간 의지와 사명감을 가지고 일해야 한다. 쉽고 편한 쪽으로 나 자신과 타협해서는 안 된다. 그렇게 되는 순간, 이 일을 하는 근본적 가치가 무너진다. 예쁘고 멋있게 보이도록 만드는 것이 아니라 작품 그대로를 살리는 일, 원본의 가치를 지키는 일을 우선에 둬야 한다. 그러한 원칙과 소명의식 없이는 이 일을 시작해서는 안 된다고 그는 강조한다.

조급함을 버리고 시간을 두는 일

자기개발이 없는 분야가 어디 있겠냐만 공부를 게을리 하면 안 되는 게 바로 이 직종이다. 복원 전문가들이 연구했던 자료들을 꾸준히 읽어보고 학회지에 발표되는 새로운 재료연구들도 계속해서 찾아봐야 한다. 졸업만 한다고 해서 다 끝난 것이 아니다. 다행히 그는 적극 지원해주는 부모님 덕에 별탈 없이 영국에서 석사를 마칠 수 있었지만, 그동안의 시간과 비용, 앞으로의 생업활동 모두를 비교하면 쉽사리 이 직업을 추천할 수 없다.

"이메일로 물어보는 사람도 많아요. 유학을 다녀와서 자리를 잡을 수 있냐고요. 저도 예전에 많이 물어봤죠. 그때 희망적으로 말하는 사람과 하지 말라는 사람이 완전히 나뉘었어요. 솔직히 말해서 돌아와서 일하기가 쉽지는 않아요. 개인연구소만 9년 차인데, 수입만 생각했다면 못 했을 거예요."

질문을 해오는 사람들을 보면 이 직업에 관심이 아예 없는 건 아니구나 싶으면서도, 예전 자신의 모습이 떠올라 복원계 현실이 달라진 게 없는 것 같다는 아쉬운 마음도 든다. 그래도 이왕이면 있는 그대로 솔직하게 다 얘기해주려고 노력한다. 자리잡기가 쉽지 않다고 말하는 이유는 빈자리가 많이 나오지 않기 때문이다. 미술기관 내부에 보존 담당 조직이 있는 곳도 드물다. 국립현대미술관이나 대전시립미술관, 리움 등 국내 미술관에서도 보존 전문가가 미술관에 소속되어 있는 경우는 손에 꼽을 정도다. 그나마 있는 자리도 줄이는 실정이다. 그러다 보니 외부 의뢰가 대부분이고, 그 기회는 오래 일한 경력자에게 돌아간다. 전문성이 강조되는 분야이다 보니 새로 시작하는 사람이 자리잡는 것이 쉽지 않은 환경인 셈이다.

"일단은 지금 윗세대, 소위 1세대라 불리는 선생님들이 많이 하고 있어요. 저는 현직 작가들이나 갤러리들이 연락해서 하고 있고요. 다른 선생님의 경우 보통 혼자 하기는 하지만, 큰 작품이나 시리즈 작품처럼 혼자 할 수 없는 작업을 맡으면 그때그때 보조

인력을 영입해서 팀 프로젝트로 진행하고 있죠."

조자현 또한 유학 전 국립현대미술관에서의 1년 인턴 경력과 유학 후 김겸사무소에서 회화보존실장으로 일한 것이 전부다. 최근에는 리움이나 국립현대미술관의 인턴 제도마저 없어져서 그나마 있던 기회도 사라지고 있다. 그래서인지 선뜻 나서서 하겠다는 사람도 거의 없어 이 일을 시작한다고 하면 서로 응원과 격려를 아끼지 않는다. 어려움을 알기 때문이다. 그 또한 유학을 다녀와 보존 스튜디오를 차린다고 했을 때, 선생님과 선배들로부터 응원의 메시지를 받았다. 제나(ZENA), 영어 약자처럼 보이지만 '제 것으로서의 자신'이라는 뜻을 가진 순 한글이름이다. 이 이름도 성공하라는 마음으로 그의 스승이 지어준 것이다.

그럼에도 이 분야가 희망적이지 않은 것은 아니다. 자리를 잡기까지 시간이 필요한 일인 것은 맞지만 작품이 존재하는 한 복원과 보존은 동전의 양면처럼 공존할 수밖에 없다. 그러니 희망이 있다. 그는 이 분야를 꿈꾸는 사람들에게 꼭 해주고 싶은 한마디가 있다고 했다.

"빨리 자리가 잡히지 않는다고 금방 포기하거나 기관에서 일하는 것만이 답이라고 생각하지 않았으면 좋겠어요."

사회적 인식 높이기의 출발

한번은 자신을 컬렉터라고 소개하며 작품 수복을 문의해온 사람이 있었다. 본인이 가지고 있는 작품이 B급이니 그 선에 맞춰 작업을 해달고 했다. 이른바 '요구'였다. 작품에 대한 이해 없이 가격만으로 작품을 판단해 무턱대고 그렇게만 해달라고 강요하는 경우다. 커뮤니케이션이라는 건 쌍방으로 대화가 오가야 하는데, 작품의 견적을 내고 협의하는 과정 없이 이미 의사결정을 내린 상태에서 일방향적으로 의뢰가 들어올 때가 간혹 있다. 솔직한 마음으로는 그런 소장자는 상대하고 싶지 않다. 상품으로만 가치를 평가하는 사람들 말이다.

> **"외국에서는 색맞춤 분야, 보존처리 분야가 따로 있다고 들었어요. 우리나라는 아직 그런 체계가 없어요. 다른 선생님들한테 물어봐도 결국 소장자의 사정에 따라 나뉜다고 해요."**

결국 소장자의 최종결정에 따라 작업의 진행 여부가 결정되는 셈인데, 그럴 때마다 난감하다. 이 일은 무엇보다 의뢰자와 서로 협의하는 것이 중요하다. 제나를 열고 초반에는 일이 들어오는 것 자체가 너무 신나 꼼꼼하게 처음부터 끝까지 견적을 내줬다. 그런데 오히려 불발되는 경우가 많았다. 조금만 손보면 되겠지, 하는 생각으로 의뢰를 맡겼다가 생각지도 못한 분량의 견적서와 가격을 보고 관두는 경우였다. 결국 얼마 면 할 수 있는지가 기준으로 작동해 보존가격이 높아질 수가 없는 구조다. 그나마 지금은 요령이 생겨 의뢰자와 조율하는 방법을 조금은 터득했지만, 막상 협의를 하다 보면 의뢰인 마음을 이해하면서도 노고를 제대로 평가받지 못한다는 서운한 마음이 든다.

이런 문제는 사회적으로 보존에 대한 인식이 제대로 잡혀 있지 않아서 발생한다. 그래서 이런 상황을 바꿔보고자 시작한 일이 강의였다. 건강한 보존처리 환경을 만들기 위해서는 무엇보다 보존에 대한 올바른 인식을 만드는 것이 시급하다고 생각했다. 작업실 밖으로 활동반경을 넓혀가며 최대한 많은 사람들에게 보존이 무엇인지 설명하고 이해시키기 위해 노력하는 중이다. 최근에는 작가들을 대상으로 강의도 진행하고 있다.

"작가들도 잘 모르는 경우가 많더라고요. 작가가 갤러리랑 계약해서 전시를 하다 혹은 운송 중에 작품이 사고로 찢어지거나 훼손돼서 돌아오는 경우에 대한 얘기를 많이 들어요. 그런 경우 미리 계약서를 쓰라고 말해요. 배보다 배꼽이 클 순 없으니까요."

특히 젊은 작가들은 작품이 훼손되면 어디서부터 어디까지 요구해야 하는지 모르는 경우가 많다. 원로작가나 유명작가에 비해 작품 가격이 높지 않으니 더 눈치를 보는 것 같다. 운송이나 전시를 할 때 작품에 훼손이 가해지는 경우를 대비해 전시 기관과 협의하에 보험을 들어놓거나 계약서에 명시해놓는 게 가장 좋다.

회화 보존 전문가 조자현의 목표

그는 얼마 전 엄마가 됐다. 아직 몸이 완전히 회복되지 않았지만 가끔 작업실에 나온다. 엄마 조자현과 보존 전문가 조자현, 둘 다 잘해내고 싶은 마음이다. 최근에는 이루고 싶은 또 하나의 목표가 생겼다. 작가들을 인터뷰해 책을 만드는 일이다.

> "처리를 시작하기 전에 상태부터 조사하거든요. 사진 찍고. 작가가 살아 있으면 설문조사도 해요. 어떤 재료, 어떤 캔버스를 썼는지 조사하는 거죠. 돌아가셨으면 사적 자료를 찾아보려고 하죠. 우리나라는 그런 것과 관련해서 보존처리 정보가 공유된 게 없어요. 외국은 그런 게 공유되어 있거든요."

지금 당장 무언가를 바꿀 수는 없을지라도, 보존 현실의 먼발치를 내다보려고 한다. 더 나아질 가능성이 남아 있다고 생각하며 일하고 있다. 차분한 그의 태도에서 묻어나오는 진지함과 진중함이 곧 그런 날이 오리란 기대로 이어졌다.

인터뷰 및 정리 | 김현숙

회화 보존 전문가의 마음

조자현,

회화 보존 전문가의 마음

회화 보존 전문가가 되고 싶은 이들에게 건네는
조자현의 마음

1. 느긋함을 가지세요.

눈에 띄는 변화가 두드러지게 나타나는 작업이 아니에요. 물감이 마르고 약품이 날아가는 시간마저 기다릴 줄 알아야 해요. 그것도 엄연히 일이니까요. 물감층에 민감하게 반응하고 미세하게 차이나는 것들을 캐치할 수 있어야 하는데, 빨리 하려다 보면 놓칠 수 있어요. 그런 것들이 모두 작업의 과정이에요. 본인이 조급한 성격인지를 먼저 생각해보는 것도 적성에 맞는 일인지 알 수 있는 방법이에요.

2. 정보를 잘 찾아보세요.

국내에서 공식적으로 인턴을 할 수 있는 기관은 리움과 국립현대미술관이었는데, 지금은 그 기회마저 점점 사라지고 있어요. 그럼에도 인터넷에 많은 정보들이 있으니까 관심이 있다면 찾아보세요. 공부는 외국에서 하더라도, 그것을 하기까지 정보를 많이 찾아보는 것도 중요해요. 매체마다 선호하는 학교가 달라요. 요즘 회화분야에서는 네덜란드 학제가 잘 발달되어 있어요. 화학전공을 했다면 확실히 많은 도움이 될 거예요. 영어를 잘하면 더 좋고요. 이과가 유리한 건 사실이지만, 설사 그 부분이 부족하더라도 정보를 많이 찾아보고 부족한 부분은 채우면 돼요. 이러닝(E-learning)을 통해서 공부할 수도 있고, 인터넷 사이트(http://www.icom-cc.org나 https://www.getty.edu/conservation)에서 무료로 제공하는 동영상도 많아요. 국내에서는 실습할 수 있는 환경이 잘 마련되어 있는 편은 아니지만 관심만 있으면 다양한 매체를 통해 정보를 얻을 수 있습니다.

3. 전시를 많이 보세요.

힘들 때 동기부여도 되고 공부도 됩니다. 특히 근현대 작가나 원로작가들의 전시를 많이 관람하는 것을 추천해요. 대부분 보존처리된 작품이 많아서 어떠한 형식으로 보존처리되었는지 가늠할 수 있는 공부가 되거든요. 게다가 작품을 보다 보면 '이 작가는 이런 재료를 쓰는구나' '이런 방법으로 작업을 하는구나'도 알게 돼요. 당연히 문제점들도 보이고요. 꾸준히 일하다 보면 나중에 또 만나서 작업할 수 있는 기회도 생기더라고요.

미술하는 마음

1판 1쇄   2020년 9월 29일

지은이   김현숙·신이연·용선미
펴낸이   김태형
펴낸곳   제철소
등록   제2014-000058호
주소   (10882) 경기도 파주시 산남로 157번길 192
전화   070-7717-1924
팩스   0303-3444-3469
제작   세걸음

전자우편   right_season@naver.com
인스타그램 instagram.com/from.rightseason

ISBN 979-11-88343-34-8 03300

이 도서의 국립중앙도서관 출판예정도서목록(CIP)은 서지정보유통지원시스템 홈페이지
(http://seoji.go.kr)와 국가자료공동목록시스템(http://www.nl.go.kr/kolisnet)에서
이용하실 수 있습니다. (CIP제어번호: CIP2020040141)